Jack Canfield
Mark Victor Hansen
avec la collaboration de Carol McAdoo Rehme

Bouillon de Poulet pour l'âme de Noël

Histoires inspirantes
pour célébrer l'esprit de Noël

Traduit par Renée Thivierge

BÉLIVEAU
★
éditeur

Montréal, Canada

L'édition originale de cet ouvrage a été publiée sous le titre
CHICKEN SOUP FOR THE SOUL: THE BOOK OF CHRISTMAS VIRTUES
© 2005 Jack Canfield et Mark Victor Hansen
Health Communications, Inc., Deerfield Beach, Floride (É.-U.)
ISBN 0-7573-0314-5

Conception et réalisation de la couverture: Alexandre Béliveau
Photographies de la couverture: Lawrence Lawry et Digital Vision/Getty Images

Dépôt légal: 4e trimestre 2006
Bibliothèque et Archives nationales du Québec
Bibliothèque nationale du Canada

ISBN 10: 2-89092-372-X
ISBN 13: 978-2-89092-372-0

BÉLIVEAU   5090, rue de Bellechasse
——★——   Montréal (Québec) Canada H1T 2A2
é d i t e u r   **514-253-0403**   Télécopieur: 514-256-5078

Internet: Internet: www.beliveauediteur.com
Courriel: admin@beliveauediteur.com

Nous reconnaissons l'aide financière du gouvernement du Canada par l'entremise du Programme d'Aide au Développement de l'Industrie de l'Édition pour nos activités d'édition.

IMPRIMÉ AU CANADA

Dédié à ceux qui recherchent
le confort du foyer,
la compagnie d'amis,
et l'esprit de Noël.
Puissiez-vous découvrir tout cela
dans ces pages.

Table des matières

☆ *L'amour*

☆ *La bonté*

☆ *La reconnaissance*

La foi

L'émerveillement

Remerciements

Nous désirons exprimer notre sincère gratitude aux personnes suivantes qui ont rendu ce livre possible.

Nos familles, qui ont été du bouillon de poulet pour nos âmes!

La famille de Jack, Inga, Travis, Riley, Christopher, Oran et Kyle, pour tout leur amour et leur soutien. La famille de Mark, Patty, Elisabeth et Melanie Hansen, pour avoir de nouveau partagé avec nous et nous avoir soutenus dans la création d'un autre livre.

Le mari de Carol, Norm, dont l'absolue confiance en elle et le soutien inébranlable ont constitué le fondement de ce projet. Pour les nombreux repas qu'il lui a servis devant son ordinateur – et ceux qu'il a mangés seul. Pour les soirées tardives où il lui a tenu compagnie – et pour celles où il ne l'a pas fait. Pour ses critiques en douceur lorsqu'on lui en a fait la demande – et les opinions qu'il a gardées avec sagesse pour lui-même. Tout un type!

Notre éditeur, Peter Vegso, pour sa vision et son engagement à offrir *Bouillon de poulet pour l'âme* au monde entier.

Patty Aubery et Russ Kamalski, pour leur présence à toutes les étapes du voyage, avec amour, humour et une créativité inépuisable. Barbara Lomonaco, pour nous avoir nourris avec ses histoires et ses dessins vraiment merveilleux. D'ette Corona, pour sa présence constante afin de répondre à nos questions en cours de route.

Patty Hansen, pour son traitement méthodique et compétent des aspects légaux et les autorisations des livres *Bouillon de poulet pour l'âme*. Tu as brillamment relevé le défi! Laurie Hartman, qui est une si précieuse gardienne de la marque *Bouillon de poulet*.

Veronica Romero, Teresa Esparza, Robin Yerian, Jesse Ianniello, Lauren Edelstein, Jody Emme, Debbie Lefever, Michelle Adams, Dee Dee Romanello, Shanna Vieyra, Lisa

Williams, Gina Romanello, Brittany Shaw, Dena Jacobson, Tanya Jones et Mary McKay, qui ont soutenu l'entreprise de Jack et Mark avec talent et amour.

Bret Witter, Elisabeth Rinaldi, Allison Janse et Kathy Grant, nos directeurs de la publication chez Health Communications, Inc. pour leur dévotion vers l'excellence.

Terry Burke, Lori Golden, Kelly Maragni, Tom Galvin, Sean Geary, Patricia McConnell, Ariana Daner, Kim Weiss, Paola Fernandez-Rana, les services des ventes, du marketing et des relations publiques de Health Communications, Inc., pour accomplir un tel travail de soutien de nos livres.

Tom Sand, Claude Choquette et Luc Jutras, qui réussissent année après année à faire traduire nos livres en trente-six langues autour du monde.

Le service artistique chez Health Communications, Inc., pour leur talent, leur créativité et leur patience constante dans la conception des couvertures et des dessins intérieurs qui captent l'essence de *Bouillon de poulet*: Larissa Hise Henoch, Lawna Patterson Oldfield, Andrea Perrine Brower, Anthony Clausi, Kevin Stawieray et Dawn Von Strolley Grove.

Tous les coauteurs de *Bouillon de poulet pour l'âme*, grâce auxquels c'est une telle joie de faire partie de cette famille de *Bouillon de poulet*.

Notre glorieux comité de lecteurs qui nous ont aidés à faire les sélections finales et ont donné des suggestions inestimables sur les façons d'améliorer ce livre.

Et par-dessus tout, tous ceux qui ont soumis leurs histoires et leurs poèmes venant du fond de leur cœur, pour une possible inclusion dans ce livre. Bien que nous n'ayons pu utiliser tout ce que vous avez envoyé, nous savons que chaque mot provenait d'un endroit magique florissant à l'intérieur de votre âme.

À cause de la taille de ce projet, il est possible que nous ayons omis les noms de certaines personnes qui ont contribué à cette aventure. Si tel est le cas, nous en sommes désolés, mais sachez que nous vous apprécions vraiment beaucoup.

Nous vous sommes sincèrement reconnaissants et vous aimons tous!

Introduction

Réflexion

Les souhaits du temps des Fêtes, les réunions familiales, le feu crépitant, les services à la lueur des bougies, les bonshommes en pain d'épice, le tintement des cloches, la neige crissant sous les pas, les guirlandes…

Que *vous* vient-il à l'esprit lorsque vous pensez à Noël?

Ressentez-vous de l'excitation? du plaisir? de l'émerveillement? Êtes-vous enthousiaste à l'idée de planifier, de donner, de vous mettre à l'œuvre? Avez-vous hâte et participez-vous?

Ou êtes-vous pris d'hallucinations et sentez-vous que vous vous effondrez?

Trop souvent, nous approchons de Noël embourbés dans un amoncellement de lumières d'arbre décoratives, luttant pour démêler le tout, nous démenant pour arranger les choses – les lumières, nous-mêmes. Nous nous laissons happer par la clameur de la consommation. Nous nous noyons dans l'endettement.

Le pire de tout, nous oublions.

Nous oublions de nous concentrer sur la joie pure, naturelle de cette période des Fêtes. Le genre d'innocent plaisir qui s'infiltre dans nos esprits, se glisse sur nos lèvres et s'introduit dans nos âmes. Cette purification indéfinissable, inexplicable, indescriptible... qui nous envahit jusqu'à ce que nous soyons plus propres et plus lucides, plus grands et plus radieux. En fait, jusqu'à ce que nous soyons *meilleurs* que nous-mêmes.

Et où trouvons-nous ce *quelque chose* d'insaisissable?

En chacun de nous repose la possibilité de « mieux être », et la capacité de réaliser un plus haut niveau d'excellence morale en adoptant des qualités nobles. Et quel *meilleur* temps que Noël pour découvrir, développer et renforcer une de ces valeurs.

Noël, une période de nouveauté, nous offre l'occasion de nous renouveler personnellement. La chance de nous transformer, de changer notre parcours, de refaire notre vie. Oh, pas nécessairement sur une grande échelle. De petits pas – des pas de bébé – suffiront.

Et c'est ce que nous offrons à l'intérieur des pages de *Bouillon de poulet pour l'âme de Noël* – une inspiration pour vous aider dans votre quête de ces valeurs. Un recueil d'histoires pour favoriser l'examen rétrospectif, l'introspection et la réflexion paisible.

Notre propre inspiration vient de la période de l'avent elle-même. Peut-être que votre famille, aussi, lit les Écritures saintes et allume des cierges chaque dimanche durant le mois de décembre, en se concentrant chaque semaine sur un thème spécifique. Dans le même esprit, nous avons choisi sept valeurs symboliques de Noël: la bonté, la joie, l'amour, la reconnaissance, la foi, la simplicité et l'émerveillement. Toutes ont comme caractéristique d'allumer une lumière intérieure.

Nous avons conçu un texte qui incite à la réflexion pour présenter chaque valeur, et une activité créatrice à la fin de chaque chapitre pour la renforcer. Ensuite, nous avons lu des tonnes et des tonnes d'histoires. Des histoires que des lecteurs de *Bouillon de poulet* – exactement comme vous – ont écrites et partagées. Des histoires qui dépeignent les mêmes valeurs que nous avons choisi de souligner. Des histoires qui nous ont encouragés. Des histoires qui nous ont émus et enflammés. Des histoires qui nous ont élevés à un niveau supérieur.

À partir d'elles, nous avons choisi les récits à inclure à l'intérieur de ces pages, les anecdotes de toutes les formes et de toutes les tailles, exactement comme les gens qui les ont écrites. Après tout, comme un sage l'a un jour fait remarquer: « Un être humain n'est autre chose qu'une histoire enveloppée d'une peau tout autour. »

Le produit final est devenu ce trésor d'histoires de Noël, mettant l'accent sur ce qui est bon, ce qui élève et ce qui est juste – sans jamais faire de sermons. Les valeurs sont évidentes; les leçons viennent du fond du cœur; le voyage en est un de joie. Ce *Bouillon de poulet pour l'âme de Noël* scintille du charme d'un arbre décoré de guirlandes argentées, et crépite de la chaleur d'un poêle à bois... alors même qu'il résonne de la voix familière de la maison.

Quelqu'un a dit un jour: « Raconter une histoire est un cadeau d'amour. » Et ainsi, notre cadeau pour vous à l'occasion de cette période des Fêtes se trouve dans ces histoires racontées.

Carol McAdoo Rehme

L'importance des valeurs de Noël: comment se servir de ce livre

Utilisez-le pour en faire une lecture en famille: lisez une histoire à haute voix chaque soir, chacun à votre tour. Il y en a suffisamment pour remplir tout le mois de décembre… et plus encore.

Un complément à l'avent: choisissez l'une de ces valeurs pour votre thème hebdomadaire, et terminez chaque semaine avec l'activité suggérée.

Utilisez-le pour les thés et les lunchs des Fêtes: partagez une histoire ou deux avec le groupe comme divertissement.

Placez le livre sur votre table à café: il sera un rappel constant, année après année, du véritable sens de Noël.

Offrez ce livre en cadeau: la seule chose meilleure que de ressentir l'esprit des Fêtes est de le partager.

Essayez les activités proposées: servez-vous de ces idées pour renforcer vos valeurs de Noël et faire participer votre famille.

LA JOIE

Qui trouve la joie
la garde

Ella, âgée de soixante-huit ans, l'a découverte en travaillant comme bénévole dans la pouponnière de son hôpital local: le *sentiment d'épanouissement* à câliner sa responsabilité bien spéciale, un prématuré nouvellement arrivé sur cette terre dont la vulnérabilité duveteuse la fit s'émerveiller devant la fragilité de la vie.

Dans l'argile jusqu'aux coudes, Cassandra la remarquait chaque soir lorsqu'elle s'assoyait à cheval devant son tour de potier: l'*extase insouciante* dans l'art de donner forme à des objets de beauté. Une tranquille béatitude dans l'acte même de la création.

Rebelle et anxieuse, Natasha la sentit s'infiltrer dans sa conscience durant son service communautaire imposé par le tribunal: la *satisfaction de soi* dans un travail bien fait. Un sentiment de fierté qu'elle n'avait jamais connu auparavant au cours de ses treize ans.

Ken la percevait chaque fois qu'il troquait son habit de Wall Street pour sa chemise de chef scout: la *jubilation* dans l'acte d'installer un camp, une sensation qu'il ressentait rarement sur le parquet de la Bourse. Une exubérance chaque fois que l'un de ses jeunes maîtrisait une nouvelle habileté, s'élevait à un grade supérieur, et s'approchait peu à peu du sens moral d'un homme adulte.

José, fraîchement diplômé de l'école de massothérapie, la découvrit aux pieds d'une cliente âgée: la *gratification* – et l'*humilité* – alors qu'il pétrissait les muscles noués de sa patiente, et frottait ses cals rugueux, pendant qu'il sentait se détendre son corps tourmenté par la douleur, un muscle tendu après l'autre.

L'entière famille Price – tous les huit – l'ont rencontrée le jour où ils ont « fait don » de Noël: une *allégresse*, ils étaient tous d'accord, plus grande que celle qu'ils auraient ressentie s'ils avaient gardé pour eux tous ces cadeaux.

Mais qu'est-ce qui faisait donc chanter ces cœurs humains, exactement?

La joie. Une valeur que nous désirons tous, que la plupart de nous recherchont, et que chacun de nous aimerait revendiquer.

La joie. Un mot si court, sans prétentions – quatre lettres seulement – pourtant souvent insaisissable, nous taquinant et nous faisant des clins d'œil, juste à la limite de notre portée.

La joie. Qu'est-ce que c'est? Où pouvons-nous la trouver? Et… comment pouvons-nous la garder?

Un ami pêcheur vétéran exprime sa vision ainsi: « La joie fonctionne comme le flotteur de ma ligne; elle m'empêche de m'enfoncer trop profondément. » Cette définition est aussi plausible et juste que n'importe quelle définition inventée par un scientifique.

Même si nous semblons incapables d'expliquer facilement la sensation de la joie, nous en avons tous été témoins et – si nous sommes chanceux – nous l'avons expérimentée: une sorte de bonheur-en-action. Parfois, elle arrive pétillante – enjouée, positive et débordante de réjouissance. Souvent, nous la sentons entrer furtivement – réservée, discrète, satisfaisante, poignante. Et puis, il y a la sorte la plus exubérante – avec une étiquette qui se lit *joie de vivre* – qui arrive enveloppée d'une curiosité impatiente, d'un appétit pour la vie et d'une passion pour la découverte.

Peu importe la manière de l'emballer, la joie est une chanson d'amour dédiée à la vie. Son air mélodieux tisse un pot-pourri harmonieux d'actions, telles que donner, faire, avoir, être, expérimenter et essayer. La joie résonne sur des notes d'optimisme, de cordialité et de plaisir. Elle nourrit votre âme.

Vous reconnaîtrez la joie – le célèbre oiseau bleu du bonheur – lorsque vous l'inviterez et que vous lui offrirez une épaule sur laquelle se percher.

Vous pouvez découvrir la joie à travers le sacrifice et le dévouement, ou dans la créativité et la détermination. Vous pouvez la trouver dans les moments tendres et dans les événements euphoriques. Vous pourriez la reconnaître dans la promesse d'un jour naissant à l'aube ou dans la satisfaction du salut final du crépuscule.

Mais est-il possible de conserver ce sentiment de joie? Bien sûr. Même si on décrit souvent la joie comme étant fugace, il est possible de la créer encore et encore. George Bernard Shaw avait un jour proclamé: « La joie dans la vie doit être utilisée pour un dessein précis. Et je veux être uti- lisé entièrement quand je mourrai. »

Ainsi, consacrez-vous à un objectif pendant cette période des Fêtes: votre temps, votre énergie, vos talents, vos émotions. Dépensez-vous librement… et découvrez la joie.

Les Fêtes à la ferme

J'avais tellement voulu célébrer Noël à la maison de ferme vieille de deux cents ans, entourée par l'amour des chers parents qui ont travaillé à la préserver. Un délicieux retour à une époque de simplicité – pas de téléphone pour nous mettre les nerfs en boule, pas d'éclairage électrique éblouissant le regard des gens – les lieux criaient littéralement: « Noël! » Mais avant tout, il nous avait fallu nous installer.

« Faisons en sorte de faciliter le lever de nos parents », ai-je dit à mes cousines, en ce premier matin dans la vieille maison de ferme.

Nous avons tiré l'eau du puits dans de grands seaux et transporté, à la hauteur de notre menton, des bûches fendues. Bientôt, une bouilloire sifflait sur le poêle de fonte. Dans chacune des chambres, nous avons versé de l'eau chaude dans les cruches de porcelaine des services de toilette.

Nos efforts ont été récompensés. Nos parents aux yeux ensommeillés sont sortis de leurs lits victoriens pour bavarder devant des brioches à la cannelle et du café.

Nous, les filles, avons actionné la manivelle du phonographe Victrola dans le petit salon, et appuyé sur la pédale du rouet vide dans le couloir. Tout dans ce lieu était empreint d'étrangeté. Nous avons lu dans la grange des revues datant d'un siècle et mémorisé des épitaphes dans le cimetière familial.

Nous nous sommes baignées dans les eaux fraîches de l'étang et avons partagé des secrets d'adolescentes. Nous avons acheté un bloc de glace pour la glacière antique dans le hangar, et avons même nettoyé à fond la maison pour d'éventuels invités.

Mais nous voulions tellement plus.

Nous voulions Noël !

« Il sera certainement un peu bizarre », a dit une cousine.

« Étrange, certainement », a repris une autre.

« Ignorons tout cela ! » ai-je dit.

Les jambes croisées sur le lit antique dans notre cachette à l'étage, nous avons comploté pour trouver la façon d'y arriver.

« Nous allons fabriquer des décorations à la main pour l'arbre », a suggéré une cousine.

« Nous dénicherons des cadeaux au village… même un repas des Fêtes », a approuvé l'autre.

« Et nous enverrons des invitations », ai-je dit.

Le vaste plancher de bois tremblait sous notre énergie combinée.

Sur du papier à lettres découvert dans le bureau du petit salon, nous avons composé des couplets rimés écrits dans notre plus belle écriture. Convaincues que Keats

[célèbre poète anglais] serait fier de nous, nous n'avons pas perdu de temps pour les mettre à la poste.

Nous avons supplié nos mères pour qu'elles passent prendre quelques articles à l'épicerie – d'accord, peut-être pas une dinde, mais pourquoi pas un brunch des Fêtes avec des œufs à la bénédictine et un bol de fruits frais ? « Et n'oubliez pas le sirop d'érable pour les gaufres ! »

Nous avons fait éclater du maïs dans une casserole et suspendu une guirlande ; pourtant, tant de choses manquaient. Il n'y avait aucune décoration nulle part. Nous avons fouillé les broussailles le long d'un mur de pierres de la Nouvelle-Angleterre et trouvé un trésor de cônes, de gousses et de noix. Nous avons attaché des boucles sur des petites branches de baies rouges et des tiges vertes de pommiers sauvages. Les ciseaux ont rapidement façonné des flocons de neige dans du papier blanc et une étoile dans du papier d'aluminium.

L'idée de l'arbre nous encourageait – mais la boîte aux lettres, non. Chaque après-midi, nous descendions en bas de la montagne pour vérifier le courrier. Toujours aucune réponse à nos invitations – même si l'événement approchait.

Le matin du jour prévu, nos parents nous ont distraites avec une excursion dans les montagnes. Nous sommes arrivés tard à la maison et fatigués.

Papa est entré le premier pour allumer les lampes au kérosène. Lorsque les fenêtres ont été illuminées, nous, les filles, sommes montées tranquillement à l'étage. Nous nous sommes immobilisées au son des cloches.

« Qu'est-ce que c'est ? » ai-je demandé en tendant le cou au-dessus de la cage d'escalier.

« Ho, ho, ho », a résonné au loin.

« C'est *sûrement* Chesley! » a dit papa, la lampe à la main, alors qu'il jetait un œil dans l'obscurité par la porte d'entrée.

Chesley et Barbara, ai-je pensé. *Les invités arrivent!*

J'ai dévalé l'escalier à temps pour voir un très majestueux père Noël bondir dans la lumière de la lampe. Une mère Noël très convenable s'est jointe à lui près de la maison.

« Vous n'avez pas pensé que c'était une idée idiote, après tout! » avons-nous crié, nous les filles.

« Oh, nous avons pensé que c'était merveilleux! » ont-ils répondu.

Une telle atmosphère festive nous a incitées, les cousines, à l'action. Nous avons abattu un sapin dans la forêt, l'avons placé dans le petit salon et l'avons couvert de nos trésors faits à la main.

Devant un feu crépitant dans l'âtre, Mme Noël se berçait pendant que le père Noël distribuait nos cadeaux soigneusement choisis. Des menthes chocolatées, des babioles et un délicat mouchoir… même des cigares pour papa.

L'impossible s'était réellement produit: un Noël à la ferme… *en août!*

C'est vrai, c'était un Noël plutôt rare au New Hampshire. Au lieu de la morsure du froid sur nos orteils, la sueur perlait sur notre front. Au lieu de fenêtres condamnées par la glace, d'odorantes brises soufflaient à l'intérieur. Au lieu d'une neige tombant paisiblement, des criquets donnaient leur spectacle en

chœur. À l'endroit où des habits de neige auraient été suspendus, des maillots de bain séchaient sur les patères.

Pourtant, l'amour de la célébration, qui ne connaît pas de saison, abondait. Et c'est là que réside la joie.

Margaret Lang

Avec joie
et un peu de colle

Alors que je faisais des emplettes de Noël dans une bijouterie, j'ai découvert une table couverte de décorations dorées en solde. D'un design élaboré et délicat, chacune possédait sa personnalité propre. J'ai fait un tri parmi ces centaines de chefs-d'œuvre filigranés, j'en ai choisi quelques-uns et je les ai apportés à la maison.

Convaincue que ces décorations étaient bien trop jolies pour se fondre dans l'encombrement d'un arbre de Noël, je m'en suis plutôt servi pour décorer de petites couronnes de vingt centimètres de diamètre. Lorsque j'ai reculé pour admirer mon travail, une pensée m'a effleuré l'esprit: *Peut-être que des membres de notre famille et des amis les aimeraient, eux aussi?*

Je me suis précipitée de nouveau vers la bijouterie pour constater que la pile de décorations affichait des prix encore plus réduits. Cette fois-ci, j'en ai acheté des douzaines, alors que je pensais à tous les gens qui aimeraient en recevoir une pour les Fêtes.

Armée d'un pistolet à colle et de rubans aux couleurs vives, j'ai commencé avec enthousiasme mon projet créatif. Les couronnes se multipliaient comme des taches de rougeole et parsemaient chaque surface plane de notre maison. Pendant des jours, les membres de ma famille les ont contournées sur la pointe des pieds, se sont frayé un chemin délicatement à travers les chefs-d'œuvre miniatures et ont dormi parmi ceux-ci.

Alors que j'attachais de délicats rubans et que je collais les décorations dorées, mon esprit s'est envolé vers les fêtes de Noël d'antan, et j'ai songé à quel point chacune avait été spéciale. J'ai pensé aux autres gens peut-être moins fortunés. Certains individus de notre communauté n'avaient pas de famille avec qui partager la joie de Noël. Certains ne se préoccupaient pas de décorer pour les Fêtes. Certains ne quittaient jamais leur maison pour célébrer le temps des Fêtes.

J'ai hoché la tête avec une détermination satisfaite. Ces gens seraient en haut de ma liste pour recevoir une petite couronne. Mon mari s'est joint à moi pour ce projet, et nous avons entrepris tous les deux de le réaliser.

Nous avons rendu visite aux personnes âgées. Nous avons rendu visite aux veufs et aux veuves. Nous avons rendu visite aux personnes seules. Tous étaient enchantés de nos haltes joyeuses et ont immédiatement accroché nos petits cadeaux – souvent les seules marques de célébration dans leur maison.

Après plusieurs jours, je me suis rendu compte que nous avions fabriqué et offert presque deux cents couronnes. Décorées avec amour et livrées avec joie, elles ont rempli maintes maisons et maints cœurs de la joie de Noël.

Et je suis arrivée à la constatation toute simple que *nous* étions ceux qui avaient reçu la plus grande bénédiction cette année-là. Nous avions découvert *notre* esprit de Noël par nos gestes.

Nancy B. Gibbs

Décorer les salles
avec des ballons de joie

Il y a quelques années, la vedette de la NBA, Cedric Ceballos, a été l'hôte d'un cours gratuit de basketball donné à quelques centaines de jeunes. À la fin de l'événement, Ceballos – qui jouait alors pour les Lakers de Los Angeles – a distribué une demi-douzaine de ballons de basket autographiés.

Un heureux récipiendaire, un garçon d'environ onze ans, a donné une étreinte à Ceballos, puis a serré très fort le ballon. Mais voici ce qui m'a vraiment touché: en quittant le gymnase, j'ai aperçu le garçon qui lançait des paniers sur l'un des terrains à revêtement bitumineux... avec son ballon autographié.

Pendant que l'autre poignée de gamins chanceux retournaient à la maison et disposaient les leurs à la place d'honneur, ce garçon avait déjà dribblé, lancé et usé la précieuse signature de Ceballos.

Curieux, j'ai demandé au garçon pourquoi il n'avait pas rapporté directement le ballon à la maison.

« Je n'ai jamais eu mon propre ballon pour faire des paniers », m'a-t-il expliqué d'un air heureux.

Cela m'a fait penser à des enfants qui lui ressemblaient – des enfants qui n'avaient pas leur propre ballon de basket pour lancer des paniers, leur propre ballon de soccer à frapper du pied, leur propre ballon de football pour effectuer des tirs, ou leur propre balle de baseball pour jouer à l'attrapé. Et c'est ainsi que j'ai commencé à me servir de ma chronique régulière de sports pour demander aux lecteurs de mettre la main à la pâte. J'ai initié une campagne annuelle de ballons pour les enfants défavorisés.

De formidables cadeaux qui n'exigeaient pas de piles, et dont les morceaux ne pouvaient se briser.

La première année, on en a distribué environ une centaine. Cela a permis de maintenir la balle en jeu, pour ainsi dire. Le total de l'année suivante a été de 363, puis de 764, puis de 877.

Ce qui nous amène à ce Noël dernier. Et à Briana.

Après avoir lu ma chronique de l'Action de grâces annonçant « La campagne annuelle de ballons de Woody », Briana a réagi comme une meneuse de jeu étoile. L'enfant de neuf ans a distribué les passes décisives comme un Magic Johnson en miniature. Dans des notes attachées à ses généreux cadeaux pour d'autres enfants, elle a écrit, d'une écriture soignée dont son professeur aurait été fier, un message qui devait rendre ses parents encore plus fiers :

J'ai lu votre liste de souhaits dans le journal et j'ai voulu aider. Je sais à quel point c'est important d'aider les autres. Donc cette année, j'ai épargné de l'argent en ramassant les objets recyclables (sic). Alors, je vous donne ici: 5 ballons de basket, 2 ballons de football, 2 ballons de soccer, 1 ballon de volley-ball, 1 sac de balles de baseball, 1 sac de balles molles. J'espère que cela aidera.

Joyeuses Fêtes,
Briana Aoki

Sa générosité a initié une campagne stimulante d'enfants qui aident d'autres enfants dans le besoin.

Comme résultat, Sarah, dix ans, et Mitch, huit ans, ont vidé « le Bocal ». Conservé sur le manteau de cheminée du foyer, il servait à recueillir de la menue monnaie, de l'argent gagné en effectuant des tâches ménagères, et même des sous récupérés dans les poches de linge sale. Sarah a choisi un ballon de soccer, et Mitch a décidé d'acheter et de partager un ballon de football.

Les joueurs de tennis professionnel Mike et Bob Bryan, de vrais jumeaux, ont remis un don de vingt-cinq ballons de football et d'une centaine de ballons de basket de qualité. D'autres ont aussi apporté leur contribution.

La leçon de vie, ici, tient dans cette constatation: beaucoup d'enfants extraordinaires trouvent de la joie en donnant et de la joie en partageant – de la petite monnaie dans un bocal, de l'argent obtenu en accomplissant des tâches, de l'argent de poche, des sous tirés de la vente de matières recyclables – simplement pour faire une différence. Une grosse différence. Une différence de...

397 ballons de basket
218 ballons de football
178 ballons de terrain de jeu
161 ballons de soccer
104 balles de baseball
 29 balles molles
 26 boîtes de balles de tennis
 14 ballons de volley-ball

GRAND TOTAL : 1127 ballons – et sourires –
pour des enfants dans le besoin
en ce matin de Noël.

Woody Woodburn

Le début

« Maman, où est le rouleau de papier de boucherie? » a demandé JoAnn pendant qu'elle fouillait dans le tiroir de la cuisine pour y chercher des ciseaux et du ruban adhésif. Elle est partie en trottinant dans le corridor, serrant contre elle les objets rassemblés.

Réunies pour notre fête familiale de Noël, les trois générations avaient terminé leur repas. Les petits cousins et cousines ont alors quitté avec enthousiasme leurs parents et leurs grands-parents pour commencer les préparatifs du spectacle annuel de la Nativité. Cloîtrés dans quelque recoin éloigné de la maison, les jeunes conspiraient derrière les portes closes.

Reconnaissants de cette paix et de cette tranquillité, nous, les adultes, nous prélassions dans la lueur festive du feu, grignotant les restes de notre délicieux repas et continuant à bavarder. Nous n'avions aucunement besoin de faire pression sur nos génies en herbe, ravis que nous étions de voir qu'ils avaient du plaisir à planifier ce projet ensemble.

Un occasionnel éclat de dialogue surgissait à travers la porte ouverte, alors qu'on envoyait un premier enfant

puis un second pour une mission cruciale. Un pot de peinture artisanale, puis un large pinceau sont disparus pour se retrouver dans leur sanctuaire intime. D'intenses incursions ont débuté à travers la maison alors que des bras chargés de serviettes, de robes de bain, de foulards, de draps, de ceintures et de bijoux ont rejoint leur cachette. Des rires et des murmures s'intensifiaient à mesure que se poursuivait leur conspiration.

Nous avons su que ce projet se concrétisait au moment où ils ont mené une intense quête d'épingles à cheveux, de grosses épingles à couche, de trombones, et même d'épingles à linge – tout ce qu'il fallait pour tenir en place les costumes et les accessoires. L'impatience de chacun redoublait alors que la distribution et l'équipe de scène terminaient leurs préparatifs.

Lorsque le porte-parole désigné a demandé notre attention, un silence a envahi la pièce.

Deux machinistes de plateau se sont débattus avec une longue affiche et du papier de boucherie et, au moyen de généreuses longueurs de ruban adhésif, l'ont fixée solidement au mur. Décorée de peinture de couleur vive, elle se lisait:

L'hôpital Mémorial de Bethléem

Le théâtre improvisé s'est transformé en une aire de réception affairée de l'hôpital. Un cousin autoritaire accueillait les nouveaux venus, demandait le concours des aides et veillait à ce que les employés demeurent en activité. Au lieu de halos, les « anges-infirmières » portaient des capes de papier plié avec des croix rouges peintes. Elles ont évalué chaque cas, brandissant leurs faux stéthoscopes et leurs thermomètres factices avant d'envoyer les patients suivre des traitements imaginaires.

Dotée d'un coussin rembourré, Marie est entrée, appuyée sur le bras robuste de Joseph qui la soutenait. Rejetés par l'aubergiste insensible, ils ont trouvé un accueil chaleureux au Mémorial de Bethléem où une escorte a emmené Marie sur-le-champ vers la salle d'accouchement et où une autre a conduit Joseph dans la salle d'attente.

Joseph faisait les cent pas ; il se tordait les mains ; il s'est assoupi pendant qu'il feuilletait de vieux magazines. Il implorait qu'on lui donne les dernières nouvelles sur l'état de Marie. À intervalles appropriés, une infirmière apparaissait avec un encourageant : « Ce ne sera pas long maintenant. »

Après que nos jeunes comédiens ont eu épuisé leur mise en scène, des mains discrètes ont poussé le dernier acteur sur la scène.

Là se tenait Connie Beth, la plus jeune ange-infirmière de la troupe. Les morceaux de tissu de sa robe d'ange en désordre, sa cape d'infirmière de travers, elle s'est dirigée lentement vers Joseph. Étant devenue trop grande pour son rôle du bébé-dans-la-mangeoire cette année – oh, quelle joie ! – elle avait obtenu un rôle parlant.

Soudainement consciente de son auditoire, Connie Beth s'est figée. Elle a fléchi la tête, baissé les yeux et fixé le plancher. Sa langue fouillait l'intérieur de sa joue et sa lèvre inférieure. Un doigt minuscule s'est avancé vers sa bouche. Le bout de son petit soulier de tennis creusait dans les fibres du tapis.

Le trac causerait-il sa perte ?

En coulisses, un fort murmure a rompu le silence. « Donne des nouvelles du bébé à Joseph ! »

La tête de Connie s'est soulevée. Son visage s'est illuminé. La détermination a remplacé la crainte.

Elle a hésité, cherchant les bons mots. Prenant une profonde respiration, elle s'est tenue devant Joseph et a doucement livré son joyeux message:

« C'est une fille! »

Mary Kerr Danielson

De la musique à mes oreilles

J'étais assise en silence sur le siège arrière de la voiture alors que nous nous dirigions vers la maison, revenant d'une soirée à l'église, où j'avais encore une fois entendu la merveilleuse histoire de la naissance de Jésus. Et mon cœur débordait de joie pendant que nous fredonnions tous les trois les chants de Noël familiers qui provenaient de la radio de la voiture.

Le nez pressé contre la vitre latérale, je regardais bouche bée les vitrines du grand magasin à rayons. Alors que nous passions devant les maisons avec des arbres de Noël illuminés dans les fenêtres, je m'imaginais les cadeaux empilés sous les sapins. On retrouvait partout la gaieté de Noël.

Mon bonheur n'a duré que jusqu'à notre arrivée sur la route de gravier qui menait chez nous. Mon père s'est engagé sur le sombre chemin de campagne où se trouvait notre maison, quelque deux cents mètres plus loin. Aucune lumière de bienvenue pour nous accueillir; aucun arbre de Noël brillant dans la fenêtre. La morosité s'est insinuée dans mon cœur de neuf ans.

Je ne pouvais m'empêcher de souhaiter avoir un arbre et des cadeaux comme les autres enfants. Mais nous étions en 1939, et on m'avait enseigné à être reconnaissante pour les vêtements que je portais, les souliers dans mes pieds, la maison qui m'abritait – peu importe combien elle était modeste – et la nourriture simple pour remplir mon ventre qui grondait.

Plus d'une fois, j'avais entendu mes parents dire: « Les arbres de Noël, c'est du gaspillage d'argent. »

Je supposais que les cadeaux l'étaient aussi.

Bien que mes parents soient descendus de la voiture et entrés dans la maison, je me suis attardée à l'extérieur et me suis effondrée sur les marches de la véranda – craignant de perdre la joie de Noël que j'avais ressentie en ville, souhaitant que Noël emplisse *ma* maison. Lorsque la fraîcheur de la nuit a fini par traverser ma mince robe et mon chandail, j'ai frissonné et j'ai placé mes bras autour de moi comme pour m'étreindre. Même les larmes chaudes qui coulaient sur mes joues ne pouvaient me réchauffer.

Puis, je l'ai entendue. La musique. Puis le chant.

J'ai écouté et j'ai levé les yeux vers les étoiles qui peuplaient le ciel, scintillant plus brillamment que je ne les avais encore jamais vues. Le chant m'entourait, me réchauffant le cœur. Après un moment, je me suis dirigée à l'intérieur où il faisait chaud pour écouter la radio.

Mais le salon était sombre et silencieux. Comme c'était étrange.

Je suis retournée à l'extérieur et j'ai écouté de nouveau le chant. D'où provenait-il? Peut-être de la radio du voisin? J'ai avancé à pas feutrés sur la longue route, la musique glorieuse m'accompagnant tout le long du

chemin. Mais la voiture du voisin n'était pas là, et leur maison était silencieuse. Même leur arbre de Noël était éteint.

La glorieuse musique était cependant plus forte que jamais, me suivant et faisant écho autour de moi. Pouvait-elle provenir de la maison de l'autre voisin? Même à cette distance, je pouvais voir distinctement qu'elle était déserte. Pourtant, j'ai franchi les quelque trois cents mètres qui séparaient leur maison de la nôtre.

Mais il n'y avait rien ni personne.

Mais, à mes oreilles, le chant était clair et pur. À mes yeux, les étoiles de la nuit brillaient d'un tel éclat que je n'étais pas effrayée de marcher seule vers la maison. À mon arrivée, je me suis assise encore une fois sur les marches de la véranda et j'ai médité sur le miracle. Et c'*était* un miracle. Car je savais dans mon jeune cœur et ma jeune âme que les anges me jouaient une sérénade.

Je n'avais plus froid et je n'étais plus triste. Je me sentais maintenant réchauffée et heureuse, à l'intérieur comme à l'extérieur de moi. Comme je contemplais l'éternité au-dessus de ma tête, entourée des louanges des hôtes célestes, j'ai su qu'après tout j'avais reçu un joyeux cadeau de Noël – un cadeau directement de Dieu.

Le cadeau de l'amour.

L'étoile brillante.

Et un Noël éternel.

Margaret Middleton

Je me demande

Je me demande si ce précieux bébé
Était né quelque part aujourd'hui,
Serait-il étendu sur un coussin d'air
Au lieu de paille ou de foin?

Le message de l'ange
Serait-il diffusé à la télévision –
Juste un télévangéliste de plus
Que vous et moi ignorerions?

Les hymnes de ce chœur céleste
Atteindraient-ils Nashville dès le début?
Avec des concerts, des enregistrements et des CD,
Aucun doute qu'ils grimperaient au hit-parade.

Confondrions-nous cette étoile radieuse
Avec des satellites dans l'espace,
Ou penserions-nous qu'il ne s'agit que d'un ovni
Venu d'un lieu cosmique éloigné?

La « nouvelle de Jésus » voyagerait rapidement
En cette ère de l'information –
Par téléphone, par télécopieur, par courriel,
Peut-être aurait-il son propre site Web.

Abandonnerions-nous joyeusement nos tâches
Pour voyager loin dans tous les coins du monde,
N'hésitant pas dans notre quête
D'adoration à ses côtés?

La réponse repose dans chacune de nos âmes.
Chaque année nous avons à choisir
La manière dont nous célébrerons sa naissance
Et accueillerons la merveilleuse nouvelle.

Il arrive! Il arrive! (mais ce n'est pas un bébé)
Si doucement que personne ne peut entendre,
Et il se glisse dans votre vie et la mienne
En ce joyeux temps de l'année.

Puis écoutez. Oh, écoutez seulement,
Ses sons nous enveloppent –
La chanson du chœur, l'appel d'amis,
La neige qui crisse sur le sol.

Le rire des enfants,
Le tintement de chaque cloche,
Les histoires et les chants de Noël
Que nous avons appris à tant aimer.

Alors, faites une pause au milieu de la folie,
Embrassez chaque souvenir précieux.
Goûtez et sentez, et regardez et écoutez,
Charmez votre nez, vos yeux et vos oreilles.

Et accueillez-le en cette Fête
Avec des rires et de la joie,
Son cadeau d'espoir, son cadeau de vie
Ce saint enfant béni.

Mary Kerr Danielson

Super logo

Personnalisez Noël en proclamant *votre* propre « joie dans le monde ».

Achetez un timbre en caoutchouc qui se lit « joie », ainsi que des tampons encreurs colorés, dans une papeterie ou dans un magasin de fournitures – ou faites-le fabriquer dans une imprimerie locale.

Tamponnez du papier de boucherie, du papier de soie ou du papier gris comme emballage pour vos cadeaux. Embellissez des sacs à cadeaux blancs ou colorés. Et n'oubliez pas de créer des étiquettes de cadeaux coordonnées.

Servez-vous du timbre encreur pour personnaliser vos cartes des Fêtes, votre papeterie, vos enveloppes, vos mots de remerciements et vos étiquettes d'adresse. Et pourquoi ne pas décorer des serviettes et des nappes de papier, des marque-places et des porte-noms ? Et n'oubliez pas de tamponner chaque facture que vous payez !

Faites de la « joie » votre logo cette année, et répandez-la généreusement.

LA SIMPLICITÉ

Simplement ainsi

Trop souvent, décembre arrive préemballé et rempli de bonnes intentions. De grands projets, de grands espoirs – et des désirs que nous prenons pour des réalités.

Nous imaginons des Fêtes avec le crépitement d'un feu de bois qui chauffe à vous en faire fondre les orteils. Ou des Fêtes où étincellent le cristal fin, la porcelaine familiale et l'argenterie polie reflétant la lueur romantique des chandelles dorées. Ou bien des Fêtes qui vibrent de l'excitation enthousiaste des enfants en mitaines, du rire familier des vieux amis, et des chants aux intonations mélodieuses de choristes, le visage couvert d'un cache-nez.

Nous imaginons des Fêtes où mijotent à feu doux les saveurs du cidre chaud et épicé, des oranges parsemées de clous de girofle, des chocolats faits à la main, et des pains maison à la levure. Tout cela scintille avec le charme des couronnes de porte, des avant-toits bordés d'ampoules givrées et d'arbres clinquants. Un Noël avec des montagnes de cadeaux, de colis et de présents – choisis à la main, fabriqués à la main, emballés à la main.

Signés.

Scellés.

Livrés.

Nous nous attendons à réussir tout cela – en une seule fois, en un seul mois, en un seul souffle – souvent au détriment des personnes et des choses qui nous sont encore les plus précieuses. Et nous nous réservons rarement du temps pour humer l'odeur des poinsettias.

Mais il existe une autre solution. Un Noël plus simple, un Noël plus original. Il nous est possible de nous restreindre de manière à vraiment « savourer les Fêtes ». Au lieu d'essayer d'en faire tant, pourquoi ne pas nous concentrer sur les traditions qui nous sont chères et éliminer le reste?

Envisagez d'établir une liste personnelle de vos activités typiques des Fêtes. Incluez tout, de l'envoi de cartes de vœux à la couture de pyjamas rouges assortis, au déballage de boîtes de décorations. Pensez à chaque élément de votre liste.

Qu'est-ce qui fait maugréer vos enfants?

Qu'est-ce qui *vous* fait maugréer?

Votre famille s'est-elle *lassée,* en grandissant, de certaines activités?

Ne pourrait-on pas plutôt remettre certaines choses à une autre période? (Peut-être choisir de décorer des biscuits au sucre pour la Saint-Valentin, ou attendre pour poster les nouvelles de l'année et en faire un événement du jour de l'An.)

Comment peut-on simplifier certaines activités? (Peut-être en donnant à des organismes caritatifs au lieu d'offrir des cadeaux, magasiner par Internet pour éviter la foule du centre commercial, ou recevoir durant l'accalmie d'après-Noël plutôt qu'au plus fort des Fêtes.)

Maintenant, dressez une seconde liste d'activités du temps des Fêtes que vous *aimeriez* pouvoir pratiquer. Cela peut inclure de s'ébattre dans la nouvelle neige ou de se pelotonner pour relire l'ancienne et familière histoire de Noël – tirée directement de la Bible. Participer à la retentissante interprétation dans votre communauté du « Chœur

Alléluia » de Handel, ou luncher sans vous presser en compagnie d'une bonne amie. Jouer le rôle costumé d'un berger dans un spectacle de la Nativité, ou siroter devant le foyer un lait de poule saupoudré de muscade. Regarder *Les Grincheux* avec toute la famille, ou prendre une marche solitaire sous un ciel parsemé d'étoiles. Participer à un événement caritatif local avec votre conjoint, ou enfiler du maïs soufflé et des canneberges avec les petits-enfants.

Donnez la priorité aux activités que vous avez *choisies* de conserver avec celles que vous avez décidé d'*ajouter*. Assurez-vous qu'il existe un équilibre sain entre vous-même, la famille et les autres. Par-dessus tout, voyez à ce que votre liste soit courte. Succinte. Simple.

Maintenant, ralentissez et profitez de chaque événement. Savourez-le dans sa totalité. Faites-en vos délices. Puis – apprenez à vous en régaler encore plus.

Et mettez ceci parmi les cadeaux que vous donnez à vous-même et à vos êtres chers cette année: la *simplicité*.

Entretenir les feux
de la maisonnée

Nos parents, qui travaillaient très fort, faisaient toujours leur possible pour procurer des Fêtes mémorables à leur famille de sept enfants.

Des semaines avant Noël, mon père faisait des doubles et même des triples quarts de travail à la cimenterie pour s'assurer qu'il y aurait des cadeaux sous l'arbre. Couvert de cendres et de suie, il se traînait dans la maison chaque soir, épuisé d'avoir nettoyé les cheminées industrielles. Outre son emploi à temps plein comme greffière municipale et un autre travail à prendre soin de nous, maman faisait tout ce qu'il fallait dans les années 1960 pour joindre les deux bouts: coudre jusqu'au petit matin, repriser de vieux vêtements, préparer les lunches pour l'école, et laver les couches de tissu.

Malgré tout, mes parents mettaient l'accent sur les moments créateurs de souvenirs: fabriquer des décorations élaborées à l'aide de macaronis pour notre arbre, suspendre des douzaines de joyeuses cartes de vœux d'êtres chers autour des chambranles de nos portes de chambre, et chanter des chants de Noël pendant que

nous montions du sous-sol au salon des boîtes de décorations vieillissantes. À la mi-décembre, maman rassemblait ses plaques de cuisson, son énorme rouleau à pâtisserie en bois et ses enfants afin de passer une journée entière dans la cuisine exiguë à cuire et à décorer des biscuits au sucre.

Et elle me déléguait toujours une tâche.

Étant donné qu'il n'y avait pas de foyer dans notre salon étroit pour suspendre des bas, nous nous servions d'un assemblage de carton en remplacement. C'était mon travail de l'installer chaque année à cet endroit particulier où le père Noël déposerait bientôt ses quelques présents pour nous.

Je dépliais le devant du foyer contre le mur. Puis je déposais et équilibrais le manteau de carton noir qui portait les marques de douzaines de perforations où nous avions fixé nos bas avec des punaises lors des fêtes de Noël précédentes. Après avoir inséré une ampoule électrique rouge dans le trou près de l'élément rotatif métallique, je branchais la prise de manière à ce que les bûches puissent « brûler ».

Enfin satisfait, je m'installais sur le plancher à mon endroit favori près du foyer – directement en face d'un ventilateur de fournaise. Je savais que l'air chaud provenait du sous-sol, mais dans mon esprit, la chaleur se diffusait des bûches de carton pour enflammer mon imagination. C'est là que je tissais mes rêves d'enfant et que je vivais mes fantasmes les plus fous.

Les années ont passé, et mon enfance aussi.

Lorsque nous tous, les enfants, avons grandi et sommes devenus autonomes, nos parents ont gagné le gros lot. Je veux dire: *réellement* gagné le gros lot. Et pas

n'importe quoi. Ils ont gagné plus de deux millions de dollars à la loterie de l'État de l'Illinois!

En tant que millionnaires instantanés, la première chose qu'ils ont faite a été de trouver un nouvel endroit pour habiter. Mon père insistait seulement sur deux éléments indispensables: un garage attenant et... un vrai foyer. Ma mère voulait plus d'espace. Et ils ont trouvé ce qu'ils voulaient: une magnifique maison de deux étages, avec quatre chambres, une cuisine spacieuse, une aire de repas, un garage à deux places, un grand sous-sol – et un salon muni d'un vrai foyer.

En décembre, après leur déménagement, nous sommes tous arrivés à la maison pour nos premières vacances de Noël ensemble depuis des années. La veille de Noël, alors que tout le monde se détendait et bavardait près du foyer, je me suis levé pour effectuer une visite privée de la maison.

Maman avait décoré avec des ornements de cristal achetés récemment et un père Noël sculpté à la main venant d'Allemagne. Des napperons brodés des fêtes ornaient les nouvelles tables de bout, et du papier d'emballage luxueux enveloppait des douzaines de cadeaux sous l'arbre superbement illuminé. De haut en bas, les lieux murmuraient: « Nouveau. Splendide. De bon goût. » Cela ne ressemblait certainement pas à la maison de mes souvenirs.

Près de l'escalier, j'ai levé les yeux... et j'ai dû y regarder à deux fois. Perché en haut, comme un vieil ami oublié que j'aurais pu rencontrer au coin de la rue, se dressait le foyer de carton dépenaillé. Avec un sourire aussi large que le rouleau à pâtisserie de maman, j'ai grimpé l'escalier et je me suis effondré sur la marche du

haut alors qu'une vague de souvenirs de mon enfance de petit garçon déferlait sur moi.

Peu après, maman est venue me retrouver en haut, et s'est tenue silencieusement à mes côtés. J'ai levé les yeux, attendant de croiser les siens.

« Tu l'as gardé, ce vieux foyer dans ta nouvelle maison. Pourquoi? »

Après un long moment, elle a posé sa main sur mon épaule et s'est penchée vers moi. « Parce que je ne voudrais jamais qu'un seul d'entre nous oublie les joies simples de Noël », a-t-elle murmuré.

Et j'ai hoché la tête en signe d'assentiment, heureux de pouvoir encore sentir la chaleur qui irradiait du vieux foyer de carton.

Jim West

Apporter Noël

Certains événements de la vie laissent des traces permanentes dans votre âme.

Comme ce Noël où notre famille a fait du bénévolat avec les gens de Santisimo Sacramento. Située au cœur de Piura, au Pérou, cette église était l'âme des trente-trois mille citoyens qu'elle desservait. Nous avons passé de longues et chaudes journées à trier et à distribuer des vêtements, à démolir et à reconstruire une maison, à réparer des vélos donnés, et à s'intégrer dans la communauté.

Je n'ai même pas à me fermer les yeux pour me rappeler le sable interminable parsemé d'arbres faméliques, le klaxon du camion rivalisant avec des chiens galeux qui aboyaient, l'odeur de la chaleur et de la sueur, et le goût graveleux des routes de terre. Et les enfants. Des centaines d'enfants aux grands yeux, à la peau bronzée, aux cheveux noirs nous pourchassant avec l'espoir de la jeunesse.

Plusieurs fois par jour, rebondissant sur la route de sable et de gravier, nous nous cramponnions tous avec peine aux côtés de la camionnette blanche, riant telle-

ment fort que nos sourires se pétrifiaient au-dessus de nos dents séchées par le vent. Ginet, notre conducteur, appuyait sur le klaxon avec la jubilation de Robin des bois livrant des marchandises aux pauvres, pendant que les villageois arrivaient en courant de tous les coins des villages environnants.

Nos trois enfants – Clare, Bridget et Michael – aidaient à préparer des barils de lait au chocolat et des centaines de petits pains au beurre pour les distribuer dans les villages et dans la prison.

Un après-midi, nous nous sommes arrêtés près d'une petite église poussiéreuse, contournant les chiens toujours présents, et réarrangeant les bancs de bois branlants sur le plancher de ciment. Cent cinquante enfants étaient patiemment assis, chacun avec une tasse apportée de la maison, pour recevoir la gâterie convoitée. Les mères demeuraient dans l'embrasure de la porte pour surveiller, pendant que leurs enfants participaient à la prière et aux chansons avant qu'on leur serve du lait au chocolat et un petit pain au beurre.

Finalement, chaque enfant a reçu un jouet en souvenir. En moins de vingt minutes, leur Noël était arrivé… et reparti.

Nous avons roulé en camion à travers le village, distribuant d'autres jouets. Une minuscule fillette a couru après nous sur quelque deux cents mètres. Lorsqu'elle a finalement atteint la porte du conducteur, elle a été follement heureuse de recevoir un petit jouet. Comme nous poursuivions notre chemin, une fille plus âgée a saisi le cadeau et a laissé la fillette là à sangloter au milieu de la foule.

À l'arrêt suivant, bouleversés, nous avons expliqué ce qui était arrivé et avons demandé à Ginet de rebrousser

chemin et de fouiller le village. Finalement, Clare et Bridget ont découvert l'enfant à l'extérieur de sa cabane, toujours en pleurs. Lorsque nous avons remplacé le jouet, son sourire était radieux.

Naturellement, des questions nous ont hantés durant notre séjour :

De quelle manière devrions-nous passer Noël avec nos propres enfants ?

S'attendraient-ils à recevoir des cadeaux le matin de Noël ?

Entourés d'une telle pauvreté, pouvions-nous justifier nos gestes de donner et de recevoir ?

Comme Steve et moi réfléchissions à la situation et faisions face à nos choix, nous ne pouvions nous empêcher de faire des comparaisons entre ces différentes traditions culturelles.

Au Pérou, nous avions vu Noël célébré si simplement – avec *Las Posadas* pour commémorer le voyage de Marie et de Joseph, des feux de joie, du *panettone* (pain italien) et du *leche de chocolate* (lait au chocolat). Aucun arbre de Noël, aucun cadeau échangé et pas de père Noël. La *seule* raison justifiant ces fêtes était la Sainte Famille et la naissance du Christ. Le centre d'intérêt reposait nettement sur les gens, les relations, et les actes altruistes.

Quel plus grand cadeau pouvions-nous donner à nos propres enfants ?

En fin de compte, nous avons présenté à chacun une minuscule harpe de doigt du Kenya et un petit souvenir de la part du père Noël. En famille, nous avons passé le matin de Noël à écrire ce que nous espérions pour chacun de nous. Ces morceaux de papier et leurs mots pleins de

délicatesse sont demeurés précieux à ce jour, et nos enfants se délectent encore du souvenir de cette humble célébration.

Nous étions partis faire du bénévolat et apporter Noël aux pauvres. En lieu et place, les villageois de Piura *nous* ont procuré un sens de Noël plus riche et plus profond – un Noël débarrassé de toutes ces fioritures.

Toby Abraham-Rhine

Un silence
dans la course folle

Je commençais toujours le mois de décembre avec de Gros Projets : cuire dix sortes de biscuits, décorer la maison de manière créative, et recevoir les gens somptueusement.

Un matin ensoleillé du début de décembre, alors que le beurre ramollissait pour les biscuits et que la levure gonflait dans l'eau et le sucre, le téléphone a sonné. Mon amie devenue veuve récemment avait besoin de parler. Une heure s'était écoulée. Le beurre avait fondu, la levure avait débordé du bol. Et l'horloge faisait tic-tac. Nous avons bavardé un peu plus longtemps et son humeur s'est égayée alors que nous avons fait des plans pour nous rencontrer.

Une voix en moi m'a rappelé : *Noël, après tout, est synonyme de générosité.*

Le jour suivant, notre lunch a duré un peu plus longtemps que je l'avais prévu, et la circulation, au rythme de l'escargot, a ralenti mon retour à la maison. Lorsqu'une voiture m'a coupée dans ma voie, un moment de colère m'a presque empêchée de voir le vieil homme qui atten-

dait pour traverser la rue. J'ai freiné à un arrêt et lui ai fait signe d'avancer.

Patience, murmurait la voix intérieure, *accorde du temps à la bonté.*

Alors que je me hâtais de laver mes fenêtres à l'avant pour les décorer ensuite, une voisine âgée a jeté un chandail sur ses épaules et est arrivée pour passer le temps. Elle se sentait seule, m'a-t-elle confié, son fils et sa belle-fille étant au travail toute la journée. À contrecœur, j'ai déposé le produit de nettoyage aérosol et les chiffons.

« Aimeriez-vous entrer pour une tasse de thé? » me suis-je entendue lui demander.

Ah, me disait la voix, *tu commences à saisir l'idée.*

Armée d'une longue liste détaillée, je suis sortie précipitamment pour accomplir la terrible tâche des emplettes. Après une épuisante bataille contre la foule des magasins surchauffés, j'en suis émergée triomphante et satisfaite. À l'extérieur du centre commercial, des carillonneurs frissonnaient dans les bourrasques de neige, et je me suis sentie obligée de sortir mon dernier billet pour leur chaudron ventru.

« Merci, m'dame! Joyeux Noël! »

Je vois que tu apprends le sacrifice aussi, a louangé la voix.

Plus tard dans la semaine, ma fille m'a téléphoné par interurbain, ayant désespérément besoin d'une conversation cœur à cœur. J'ai jeté un coup d'œil sur les cadeaux non encore emballés, éparpillés sur le plancher. J'ai regardé ma montre. De retour aux cadeaux. Puis, je me suis rappelé la solitude et l'isolement et la frustration d'une jeune mère – et je me suis installée dans le fauteuil bien rembourré pour un long bavardage détendu.

« Rappelle-moi de nouveau dans l'après-midi, ai-je dit, pour que je puisse savoir comment tu vas. » J'ai jeté un autre regard vers les cadeaux et j'ai haussé les épaules.

Le cadeau de ton temps, ai-je entendu, *est le meilleur des cadeaux.*

Le dimanche avant Noël, notre arbre encore nu était appuyé dans un coin du salon.

« Nous aurions dû acheter un autre support pour l'arbre. Son poids est mal équilibré et ce support ne pourra le maintenir en place », a grogné mon mari.

Ignoré dans ma course folle des Fêtes, mon époux paraissait fatigué et seul avec ses cheveux gris ébouriffés, ses jeans usés et sa surchemise pendante – cet homme qui était autant une partie de ma vie que l'était mon propre corps.

J'ai tendu le bras et j'ai touché sa joue rugueuse. « Je vais t'aider avec l'arbre. »

Bien, dit la voix intérieure, *tu t'es souvenue de l'amour.*

Tout l'après-midi, nous avons taillé et scié. Nous avons sorti les décorations accumulées et chéries au cours des longues années de notre mariage. Et lorsque l'arbre a été décoré, j'ai fait du chocolat chaud et je l'ai servi dans la petite casserole que nous avions utilisée tant de Noël auparavant

Le jour de Noël, nos enfants sont arrivés, et les rires, les conversations, les petits-enfants et la musique ont fait trembler la maison.

Personne n'a remarqué les taches sur la vitre où pendaient des décorations de travers ni les branches qui

manquaient d'un côté de l'arbre. Personne ne s'est préoccupé du fait que le souper soit un repas-partage. Personne n'a passé de commentaires au sujet du manque de variété sur le plateau de biscuits.

Mais lorsque j'ai apporté un simple gâteau avec une unique chandelle blanche illuminée, la pièce est devenue silencieuse. Nous nous sommes tous – les enfants aux yeux écarquillés et les adultes solennels – tenu les mains lorsque nous avons chanté « Bonne Fête » à Jésus.

Une sensation de satisfaction est montée en moi, qui n'avait rien à voir avec les biscuits, les fenêtres propres ou les emballages sophistiqués.

Et encore cette petite voix insistante qui disait: *Oui!*

Ann K. Brandt

À la manière des Whittle

« Connie Ann ! » Maman a attrapé le morceau de papier d'aluminium en plein vol. « Nous pourrions en avoir besoin la prochaine fois que nous cuirons des pommes de terre. Tu le sais bien. »

Honteuse, Connie Ann a émis un profond soupir d'une fillette de sept ans et s'est retirée de la cuisine. Oui, elle le savait. Les principes de la famille Whittle exigeaient que tout, même un morceau de papier d'aluminium, soit réutilisé… et réutilisé. Particulièrement maintenant, avec le divorce et tout le reste.

Et elle savait à propos des autres choses, aussi. Comme récupérer les boutons et les fermetures éclair des vieux vêtements pour s'en servir sur les nouveaux que sa mère cousait. Comme s'étouffer dans le nuage de poussière chaque fois que quelqu'un vidait le sac de l'aspirateur au lieu de le jeter. Comme se rendre partout à pied quand la plupart de ses amis se faisaient conduire en voiture. Bien sûr, les Whittle ne possédaient pas d'automobile ; papa leur avait laissé la Citrouille.

La camionnette à plateau court de couleur bronze ne pouvait contenir tous les dix enfants en même temps, par

conséquent les enfants Whittle marchaient. À l'école. À l'église. Pour se procurer quatre litres de lait. Maman affirmait que c'était plus simple que d'acheter une voiture. En outre, ils faisaient de l'exercice et épargnaient en même temps le coût de l'essence.

Maman disait qu'elle aimait faire les choses simplement. De fait, c'est ainsi qu'elle s'était aussi débarrassée de l'arbre de Noël.

Sans papa ici pour le sortir de la maison cette année-là, elle a réfléchi au problème. « Comment pourrons-nous nous débarrasser de cette monstruosité ? »

Elle a fait le tour de l'arbre.

« Il me semble que c'est du gaspillage de simplement le jeter. Il devrait être bon à quelque chose, n'est-ce pas ? »

Connie Ann a acquiescé d'un signe de la tête, sachant que les Whittle ne gaspillaient jamais *rien*.

« Il sent encore bon. » Maman a introduit ses deux bras à travers les aiguilles fragiles pour estimer son poids. *Hmmmmm.* Son front s'est légèrement plissé, et elle a jeté un œil par-dessus son épaule où les charbons luisaient encore dans le foyer.

« Notre compte de gaz a été exorbitant. » Elle a sorti l'arbre de sa niche en face de la fenêtre. « Si je fais simplement le pousser à l'intérieur... un bout à la fois... à mesure qu'il brûle... » Elle a couché l'arbre avec peine sur le plancher.

« Connie Ann, tu attrapes ce bout, pendant que je traîne l'autre. »

Grimaçant à cause de l'effort et des épines du sapin brunissant, elles ont lutté pour coucher l'arbre sur le plancher.

« Qu'est-ce qui pourrait être plus simple ? » Maman l'a poussé à demi sur le sol avec un grognement. « Un purificateur d'air parfumé pour la pièce », a-t-elle dit en tirant sur le tronc, « *et* de la chaleur gratuite », en donnant une poussée finale, « *et* nous sommes débarrassés de cette chose ».

Dans un geste précis, elle a enfoncé le sommet pointu au beau milieu des braises rougoyantes.

KA-VOOOOM!

Dans un grondement aussi retentissant qu'un bang supersonique, l'arbre entier – depuis sa tête broussailleuse jusqu'à son pied muni de bouts de planche – s'est consumé en une flamme géante. Hurlant, maman a laissé tomber le tronc, et elles ont sauté, toutes les deux, d'un seul bond à l'autre bout de la pièce.

WHOOOOOOSH!

Toutes les branches avaient disparu. En un immense souffle. Juste comme par magie. Rien ne restait de l'arbre de Noël sauf un tronc carbonisé, quelques brindilles en bataille à la Charlie Brown – et une traînée de cendres blanches en forme d'arbre.

Pendant un long moment, les yeux exorbités, maman a retenu son souffle. Puis elle a tiré Connie Ann près d'elle pour chercher des brûlures et a balayé son propre corps pour enlever des roussissures. Et elle a examiné le tapis pour voir s'il y avait des dommages. N'en trouvant aucun, elle a hoché lentement la tête avec étonnement.

Après un silence stupéfiant, maman a frotté ses mains l'une contre l'autre avec efficacité. « Bien ! Je crois que tout est réglé. »

Puis, parmi la foule nouvellement formée d'enfants jacassants aux yeux écarquillés, elle a fait son choix.

« Toi et toi et toi, dit-elle en pointant les plus vieux. Aidez-moi à transporter cet arbre à l'extérieur. Au moins, *maintenant* il est facile à manœuvrer. »

Connie Ann a fait un signe d'assentiment. Elle savait à quel point maman aimait que les choses restent simples. C'était, après tout, à la manière des Whittle.

Carol McAdoo Rehme

Au fond du baril

C'était une semaine difficile.

Il avait effectué du travail en échange de la promesse que « le chèque est à la poste ». *Non*. Seules des factures sont apparues dans sa boîte aux lettres et aucun chèque pour les payer.

C'était le temps des Fêtes – avec son propre lot d'agents stressants – et la voiture était de nouveau en panne, le garde-manger terriblement vide, et son jour de paie régulier n'arriverait qu'à la fin du mois. Pas de nourriture. Pas d'argent. Pas d'espoir.

Certes, il avait atteint le fond du baril.

Que ferait-il? Au bord du désespoir, il a pris trois profondes respirations, a tendu le bras pour saisir son paletot, son foulard et ses gants, et s'est dirigé vers les bois. La nature avait toujours représenté le sanctuaire qu'il recherchait lorsqu'il se sentait désespéré ou déprimé.

Adaptant son rythme au sol enneigé, il a marché dans un bruit de craquement à travers la forêt de pins majestueux et d'épinettes bleues couvertes de neige. Il a abrité ses yeux de la main contre les brillants rayons de soleil

qui se reflétaient sur la neige miroitante comme des diamants. Le bout de son nez rougissait, l'air vif brûlait ses joues.

Comme il se dirigeait vers l'étang derrière sa propriété, un chevreuil a bondi sur le chemin. Une mésange huppée plus timide le suivait à distance.

Et il a senti sa respiration s'alléger et sa démarche ralentir.

Chickadee-dee-dee! Une fauvette vigilante a sonné l'alarme. Un corbeau effectuait en voletant un va-et-vient du sommet des arbres aux piquets de clôture avec un occasionnel *caw, caaw*. Un merle aux ailes rouges a répondu à partir des joncs qui bordaient l'étang et a volé près de lui décrivant un arc en plongée.

Alors qu'il assistait au chant et à la danse de ces compagnons à plumes, ses soucis se sont évanouis, remplacés par une forme de paix l'emplissant d'un sentiment de contentement. Encore une fois, la nature avait accompli sa magie – une reconstruction spirituelle importante de son âme. Satisfait, il a repris le chemin de la maison pendant que des oiseaux chantant à pleine gorge répercutaient une affirmation.

Il a fait une pause près du baril de la cour arrière pour voir s'il restait de la nourriture pour les oiseaux afin de récompenser ses amis de leur musique inspirante et de leur plaisante compagnie. Sous le sac de graines qu'il a extrait du baril, il a été surpris de trouver un sac de farine non entamé. Ah, de la nourriture pour les oiseaux… et de la nourriture pour lui.

Une exploration dans le placard de la cuisine a permis de découvrir assez d'ingrédients pour la fabrication de deux miches de pain odorantes à la levure. Quelques poi-

gnées de fèves séchées assorties, une boîte de conserve de tomates et *presto* : du chili du Rhode Island avec un pain fraîchement cuit ! Assez pour lui *et* sa propriétaire. Peut-être que les choses n'allaient pas aussi mal qu'elles en avaient l'air.

Juste au moment où les deux se sont assis pour dîner, le facteur a livré un colis de la part d'un ami : une tarti-nade à la confiture et au miel. Soudainement, le repas est devenu encore plus intéressant !

Contemplant le festin déployé devant lui et l'amie assise à ses côtés, il s'est émerveillé de la reconnaissance qu'il ressentait.

Parfois, a-t-il décidé, *c'est au fond du baril qu'on trouve les cadeaux les plus riches de la vie.*

Margaret Kirk

Ingrédients secrets

J'appuie sur le bouton « play » du lecteur de vidéo-cassettes et je m'assis pour regarder la vidéo vieille de dix ans. Sur celle-ci, mes enfants tentaient de filmer les ingrédients secrets de mon père pendant qu'il préparait nos tourtières annuelles de Noël.

« Salut, maman! » Je me vois regarder hors champ, gesticulant pour que Lisa cadre plutôt son grand-père avec la caméra.

« Salut, grand-papa! » dit-elle ensuite alors que la caméra se dirige dans sa direction.

Mon père fait un signe d'approbation de la tête pendant qu'il essaie d'ouvrir le couvercle d'un pot d'épices.

« Maman, qu'est-ce que tu fais maintenant? » La caméra revient vers moi.

« La partie difficile, comme d'habitude. » Je brasse la viande dans une grande casserole. « Papa, ne t'étire pas un muscle en secouant ce pot d'épices », lui dis-je pour le taquiner en le regardant par-dessus mon épaule.

Nous sommes en train de faire des tourtières – notre tradition familiale des Fêtes.

À l'adolescence, je n'étais pas particulièrement proche de mon père. Après avoir conduit un camion de livraison et déchargé de lourds colis toute la journée pour faire vivre notre grande famille, il avait à peine assez d'énergie pour me parler, sauf pour me demander de lui apporter une autre bière du réfrigérateur ou d'aller lui acheter une cartouche de cigarettes.

Mais un certain Noël, il a exprimé le désir de faire des tourtières comme sa mère les faisait. Même si la garniture ne semblait lui poser aucun problème, il n'avait aucune idée au sujet de la confection de la croûte. Puis, mon professeur d'économie familiale du secondaire m'a donné une recette pour une croûte impeccable.

Maîtrisant mon courage, je me suis approchée de papa et j'ai suggéré que nous fassions équipe pour expérimenter les tourtières. À mon grand plaisir, il a accepté de tenter l'expérience.

J'ai commencé à préparer la croûte le matin. Suivant rigoureusement les instructions, j'ai mélangé la pâte pendant que papa faisait sauter la viande dans une large casserole – d'égales quantités de bœuf haché et de porc haché. Il a ajouté des oignons puis a discuté d'épices.

C'était la partie délicate. Piment de la Jamaïque, sarriette, sauge, thym, clous de girofle, sel et poivre. Il les a toutes ajoutées instinctivement, estimant les quantités au pif. La viande mijotait à feu doux et nous taquinait le nez.

Pendant ce temps, j'ai réussi à rouler la pâte et je l'ai déposée dans une assiette à tarte graissée et tapissée de farine. J'ai mis l'abaisse vide près de la casserole pendant que mon père la remplissait de viande bouillonnante à l'aide d'une louche. Lorsque nous avons jugé qu'elle était suffisamment pleine, j'ai placé l'abaisse du dessus, j'ai

pincé les bords avec les dents d'une fourchette, je l'ai brossée avec du lait, et l'ai déposée dans le four. Nous en avons confectionné plusieurs pour le souper.

L'arôme des tourtières qui cuisaient au four était encourageant. Le temps qu'elles soient prêtes, toute la famille salivait. Mais est-ce que les tourtières goûteraient aussi bon qu'elles sentaient?

Papa en a déposé une pointe dans chacune de nos assiettes. Nos fourchettes ont révélé une pâte feuilletée à souhait. Puis nous l'avons goûtée pour la première fois: les yeux fermés, les narines dilatées, des sourires apparurent, et un unanime « mmm... mmm » a résonné autour de la table de cuisine.

« C'est vraiment bon », a dit papa en me faisant un clin d'œil. « La croûte est délicieuse, mais je crois que la viande est la meilleure partie. »

« Oh, vraiment? Je ne crois pas, l'ai-je taquiné en retour. La croûte est délicieuse; la viande arrive bon deuxième. »

Les badineries ont continué jusqu'à ce que nous nous mettions enfin d'accord qu'aucune partie ne serait bonne sans l'autre. Je rayonnais de fierté. Nous avions travaillé – côte à côte – mon père et moi, pour recréer la vieille recette familiale.

Ce fut le début de notre tradition de Noël.

À mesure qu'il prenait de l'âge, il est devenu plus difficile pour mon père de faire sa part. Certaines années, nous faisions jusqu'à quinze tourtières et le brassage d'une telle casserole de viande était loin d'être une tâche facile. Finalement, j'ai recruté mes enfants, Brian et Lisa, comme nos aides-cuisiniers.

Une année, papa a attrapé une pneumonie dont il ne s'est jamais complètement remis. Le Noël après sa mort, je ne pouvais supporter l'idée de faire des tourtières. En outre, ce ne serait pas la même tourtière sans ses assaisonnements secrets. Mais Brian et Lisa ont insisté pour que je perpétue le rituel des Fêtes vieux de trente-cinq ans.

Forçant mon esprit à revenir à la réalité, je me concentre encore une fois sur la vidéo, curieuse de voir ce qu'il ajoutait dans la casserole.

Mais papa sourit maintenant dans l'écran de télévision pendant qu'il racle le reste de sa viande savoureuse dans un fond de tarte. Comme je dépose avec difficulté l'abaisse du dessus sur cette dernière tourtière minuscule, quelqu'un hors champ suggère qu'on devrait la donner à oncle Bruce, qui est toujours le premier en ligne pour avoir la sienne.

« Ici, laisse-moi cracher dessus. » Je fais un clin d'œil. « J'espère qu'il ne regarde pas cette vidéo. » Tout le monde rit et l'écran devient blanc.

Silence.

Il me semble n'avoir remarqué dans la vidéo aucune étiquette sur les épices dont papa s'était servi. Pourtant, un énorme sourire éclaire mon visage quand je me rends compte que, après tout, nous avions bien filmé les ingrédients secrets.

Le secret ne résidait pas dans les assaisonnements. Il résidait dans les gens. Les taquineries et les blagues. Les rires et l'amour. Et je sais que si nos tourtières de Noël étaient aussi spéciales, c'est parce que nous avions travaillé ensemble – côte à côte.

Jane Zaffino

Le bon sens

Choisissez un coin douillet de votre maison pour créer un havre du temps des Fêtes – loin des files dans les bureaux de poste, des centres commerciaux bondés, et des fêtes de bureau – en faisant appel à vos sens.

Vue: Exposez quelque chose qui vous plaît – des patins à glace de votre enfance, une bible reçue en héritage et ouverte à l'histoire de Noël, ou un panier de coquillages ramassés durant les vacances de l'été dernier.

Son: Accrochez des carillons éoliens dont le tintement se fera entendre dans le courant d'air de l'appareil de chauffage, ou faites jouer un disque compact instrumental des Fêtes.

Odeur: Allumez une chandelle des Fêtes – aux bleuets, au pin ou à la menthe. Ou optez pour une odeur fraîchement sortie du four comme du pain d'épices, des biscuits au sucre ou de la tarte à la citrouille.

Goût: Offrez-vous une boisson chaude et réconfortante. Un chocolat chaud avec des guimauves? du cidre épicé? une tisane?

Toucher: Disposez un peu partout des oreillers confortables, un jeté duveteux, vos pantoufles préférées – peut-être quelques jouets pour amuser le chat.

Puis trouvez-vous du temps chaque jour pour vous envelopper dans ce sanctuaire de simplicité.

L'AMOUR

Entre les lignes

Au cours de l'année dernière, glissée dans les plis épais d'un journal métropolitain en Italie, une minuscule annonce a paru discrètement, rivalisant avec les gros titres en manchette.

Professeur âgé retraité recherche famille voulant adopter un grand-père. Assumera ses dépenses.

À quatre-vingts ans, Giorgio Angelozzi était entassé, lui et ses sept chats, dans un appartement de deux pièces, avec sa modeste collection de livres incluant des dictionnaires grecs poussiéreux et des classiques écrits par d'illustres anciens comme Pliny et Horace et Kant. Sortant occasionnellement de cette maison exiguë située sur une route sans issue, il manœuvrait le long des chemins vallonnés vers le village local. Mais dans l'ensemble, il menait une vie intellectuelle tranquille et retirée. Trop tranquille.

Veuf depuis sept longues années de solitude, Giorgio s'est surpris à compter le nombre de mots qu'il prononçait à voix haute chaque jour. Et lors de ces journées où il n'avait rien à dire – même aux chats qui se promenaient à pas feutrés –, le compte était zéro. Un zéro aussi vide que sa vie.

À sa grande consternation, il a découvert qu'il n'avait pas fini de donner et qu'il avait besoin d'amour.

Désirant ardemment des contacts humains, Giorgio a pris une décision réfléchie et a mis en œuvre un plan unique: il s'est lui-même offert en adoption. Son humble

appel dans les petites annonces d'un journal a immédiatement capté l'attention d'un pays entier.

La détresse de Giorgio a touché les cordes sensibles de
l'Italie, provoquant un réveil et une prise de conscience. Les
représentants du gouvernement et les villageois, les conseillers et les bourgeois, les ecclésiastiques et les laïcs –
tous secoués jusqu'au fond de l'âme par cet appel pour une
adoption – firent leur examen de conscience. Le résultat ?
Une vague immédiate de réponses qui ont apporté bien
plus que des offres de logement. Cette demande a fait
naître d'enthousiastes offres d'amitié. De vie familiale.
D'…amour.

Après tout, Giorgio ne s'était pas annoncé lui-même
comme un simple locataire. Il ne cherchait pas un poste
comme professeur à temps partiel ni comme tuteur salarié.
Au lieu de cela, Giorgio cherchait une famille, qui voulait
adopter un *grand-père*, une famille qui voulait l'accepter en
tant que membre à part entière.

Un jour ou l'autre, chacun de nous – comme Giorgio –
doit affronter des moments difficiles et déchirants sur le plan
émotionnel. Il est possible que nous faisions face à des
épreuves de rejet, de faillite, de maladie terminale, de solitude, de relations malheureuses ou même de mort. L'amour
constitue la réponse universelle à nos difficultés.

Si nous avons de la chance, nous prenons conscience
du pouvoir de l'amour – cette étincelle divine inhérente en
chacun de nous – pour adoucir et réconforter, pour guérir et
rétablir. Nous le cherchons dans nos relations ; nous l'invi-
tons dans nos vies. Nous l'admirons chez les autres ; nous
le cultivons en nous.

Nous le saisissons des deux mains et, si nous sommes
intelligents, nous le redonnons des deux mains, percevant
que l'amour, comme la musique, est une mélodie qui per-

siste dans le cœur après que les mots ont été chantés. C'est la grâce qui nous permet de compatir aux malheurs des uns et des autres, de nous mettre à la place de nos voisins. Nous voyons avec leurs yeux, entendons avec leurs oreilles, et ressentons avec leurs cœurs. Encore mieux, nous apprenons à voir les autres à travers les yeux de Dieu.

Giorgio a déménagé ses sept chats et sa vieille bibliothèque usée dans la maison de sa nouvelle famille. Sans aucun doute, il a aussi emballé assez de chaleur et de souvenirs pour s'épanouir où qu'il se soit installé, estimé par cette nouvelle famille que l'amour seul a créée.

Quelle leçon pouvons-nous tous tirer de cette histoire d'amour italienne ? *L'amore é come il pane. Bisogna che si faccia di nuovo ogni giorno.* « L'amour est comme le pain ; il faut en cuire du nouveau chaque jour. »

Et quel meilleur moment que cette période de Noël pour partager *votre* miche de pain, pour tendre la main avec amour, et pour adopter les autres dans l'étreinte de votre cercle familial ?

Des douceurs
pour les êtres chers

Chaque année, entre l'Action de grâces et le 26 décembre, il m'arrive quelque chose de mystique. La nourriture festive du repas de l'Action de grâces démarre le processus. Puis, la musique de Noël, diffusée à la radio et à la télévision pendant un mois entier, déclenche un violent branle-bas de *combat*. Plus d'un demi-siècle d'idées de recettes pétillent jusqu'à la surface comme une boisson gazeuse.

Chaque refrain de « Rockin' Around the Christmas Tree » et « I'll be Home for Christmas » me transporte de plus en plus profondément dans une transe rhapsodique provoquant les hochements de tête et les marmonnements de mon mari, Lee, qui me lance des regards entendus.

« Quoi? » lui dis-je d'un ton brusque, tout en brassant les bonbons.

« Tu le fais encore. » Il s'approche d'un pas nonchalant, humant le mélange chocolaté.

« Pourquoi veux-tu gâcher mon Noël? » Je lui jette un regard furieux dans le dos. Il ne *comprend* simplement pas.

« Je déteste te voir travailler jusqu'à l'épuisement », dit-il en dévorant les restes de mes fondants au chocolat.

« Hé, j'*adore* travailler jusqu'à l'épuisement. »

En même temps, quelque chose en mon for intérieur concède qu'effectivement je *deviens* un peu folle. Je suis incapable de me reposer à moins d'avoir brassé quelque quatorze kilos de fondants au chocolat et aux noix, sept kilos de bonbons, vingt litres de boulettes de Rice Krispies/Snickers (pour que les petits-enfants puissent, une fois par année, en manger autant qu'ils en veulent), dix douzaines de boulettes au beurre d'arachide, dix kilos de caramel écossais, et – même si je *jure* chaque année que ça ne m'arrivera plus – je ne peux résister à confectionner plusieurs recettes de délicieuses barres de caramel au chocolat.

« Mais pourquoi *autant*? » Lee attrape deux barres au caramel et s'en remplit la bouche. Je roule des yeux devant sa duplicité.

« La tradition », que je réponds.

Et, mon Dieu, jusqu'à un certain point, il s'agit *bien* de tradition. Mais, je me demande, est-ce que la tradition seule justifie ma frénésie annuelle de cuisine? Je m'y adonne depuis mon adolescence, où j'expérimentais les recettes du cours d'économie familiale. Durant les années qui ont suivi, j'ai inclus les enfants dans cette activité plaisante, construisant des souvenirs heureux, emballant des cadeaux de nourriture pour les amis et la famille.

Maintenant, comme les enfants sont grands, l'activité est devenue, parfois, ennuyante. Pourtant, l'envie irrésistible persiste. Perplexe, je me demande: *Quelle est l'origine de cette folle compulsion?*

Plus tard, je regarde quelques vieilles photographies de famille.

« Regarde, ici c'est Mamie, dis-je à Lee. Rappelle-toi comment, après notre mariage, nous avions l'habitude de lui rendre visite dans le temps des Fêtes. D'aussi loin que je puisse me souvenir, elle avait toujours des friandises de toutes sortes pour nous ravitailler. J'adorais la manière dont elle faisait toujours... »

Des larmes jaillissent de mes yeux. Elle me *manque*. Elle et Papi sont partis depuis de nombreuses années. Je rappelle à Lee combien la maison odorante de mes grands-parents était accueillante et réjouissante durant les Fêtes de mon enfance, combien leur table débordait de gâteries et combien elle en avait toujours à profusion. Mamie s'assurait que ses êtres chers ne partaient jamais affamés de sa maison, elle nous chargeait même de sacs à rapporter chez nous.

C'est ça!

Ma frénésie de l'époque de Noël évoque le souvenir des cadeaux que Mamie me donnait. *C'est* ce qui me motive! Je ne me suis jamais sentie autant aimée que là, dans sa maison, sachant dans mon esprit d'enfant qu'elle avait préparé tout cela en mon honneur. Elle me célébrait avec toutes ces friandises. C'était sa façon d'aimer.

Je souris à Lee. « Je suppose que c'est maintenant mon tour de célébrer mes êtres chers. C'est ma façon de les aimer. » Il presse ma main pour me montrer qu'il comprend.

Alors, cinq semaines plus tard, me voici, pesant cinq kilos de plus, retrouvant ma raison après un atterrissage en catastrophe. En plus d'être épuisée.

« Tu sais », que j'admets à Lee, en posant mes pieds enflés sur la table à café, « je vieillis. Je crois que, l'année prochaine, je vais sauter la fabrication des bonbons. »

« C'est une bonne idée, ma chérie. » Il me fait un clin d'œil.

Cette fois-ci, je fais le vœu de demeurer fidèle à mon engagement. Inébranlable. Au moins jusqu'à ce que l'Action de grâces arrive et passe, et que j'entende ces premières notes: « I'll be ho-o-me for Christ-maaaas... »

Emily Sue Harvey

Des cinq sous et des dix sous

Par un après-midi ensoleillé de mai, j'étais assise à mon bureau, occupée à des tâches administratives, lorsque la porte s'est ouverte et un jeune garçon d'environ neuf ou dix ans est entré dans le magasin.

Marchant d'un pas assuré vers moi, il m'a dit qu'il voulait acheter un cadeau pour son père. Son expression sérieuse le montrait de façon évidente: il s'agissait d'une mission importante.

Alors que nous tournions en rond dans le département des mobiliers de bureau, il a exprimé de la consternation devant le coût de chaque chaise et de chaque lampe. Finalement, je lui ai suggéré un ensemble d'accessoires. Les yeux brillants, il a soigneusement choisi un ensemble marron en faux cuir avec un étui à crayons correspondant, un porte bloc-notes et un coupe-papier. Sa joie égalait presque la mienne – tout le processus a absorbé deux heures de mon temps – et nous nous sommes dirigés vers mon bureau pour finaliser la vente.

« Bon, je viendrai chaque semaine pour donner un paiement sur ce cadeau pour mon père », a dit le jeune Michael Murphy.

« Et tu viendras le chercher juste avant la fête des Pères? » ai-je demandé.

« Oh, non, m'dame. C'est pour Noël. »

Ma bouche s'est ouverte aussi grande que mes yeux lorsqu'il m'a tendu son premier paiement: un cinq sous et deux dix sous. Mais ce jour-là, au magasin, toutes nos vies ont été transformées.

À mesure que les mois passaient, ni la pluie ni la neige n'empêchaient Michael de se présenter. Semaine après semaine, il arrivait précisément à seize heures chaque vendredi pour effectuer son paiement. Sa mère se tenait à l'extérieur pendant l'enregistrement de chaque transaction, et un jour j'ai demandé à la rencontrer.

C'est elle qui m'a appris que le père de Michael était sans travail. Elle prenait des travaux de lessive et de repassage pour essayer de joindre les deux bouts pour la famille de sept. Je me sentais mal à l'aise, mais je respectais leur fierté et leur refus de toute forme d'aide. À l'approche de l'hiver, nous avons tous remarqué que Michael ne portait qu'un mince chandail, quelle que soit l'épaisseur de la neige. Nous avons imaginé une histoire à propos d'un manteau égaré laissé au magasin – qui était justement à sa taille. Cela a fonctionné.

Un jour, Michael est entré en courant pour nous annoncer qu'il avait trouvé un travail – apporter le journal et balayer les marches avant, chaque jour après l'école, pour une vieille dame qui habitait en bas de la rue. Les dix sous qu'elle lui remettait chaque semaine le mèneraient plus près de son objectif d'achat.

Le temps des Fêtes approchait, et je craignais que Michael n'ait pas assez d'argent pour payer en entier le cadeau, mais mon patron m'a dit de ne pas m'inquiéter.

Deux jours avant Noël, un Michael abattu est arrivé au magasin. Il n'avait pas gagné assez d'argent pour faire son paiement final.

« Pourrais-je prendre le cadeau pour mon père pour qu'il l'ait pour Noël? » Ses yeux étaient plongés droit dans les miens. « Je promets que je reviendrai après Noël pour finir de le payer. »

Avant que j'aie le temps de répondre, mon patron a levé les yeux.

« Eh, jeune homme, aujourd'hui il y a une réduction sur les accessoires de bureau. » Il a baissé les yeux sur un papier qu'il tenait dans sa main. « Je crois qu'il serait juste que tu profites aussi du prix soldé. »

Cela signifiait que le cadeau de son père était payé!

Michael a couru à l'extérieur pour le dire à sa mère. Entre des étreintes larmoyantes et des remerciements maladroits, nous les avons laissés reprendre leur route, avec un Michael serrant le précieux cadeau emballé contre sa poitrine. Nous étions tous fiers de son engagement dans son projet et de son profond attachement pour son père qu'il aimait tant.

Quelques semaines après Noël, un homme pauvrement vêtu est entré et s'est dirigé en boitant directement vers mon bureau.

« Êtes-vous la dame dont mon fils Michael m'a parlé? » Sa voix était bourrue et aussi démesurée que l'homme lui-même.

Lorsque je lui ai fait signe que oui, M. Murphy a fait une pause. Il s'est raclé la gorge.

« Je veux juste vous remercier pour toute votre aide et votre patience. Nous n'avons pas grand-chose, dit-il en

jouant avec son gant usé, et je n'arrive toujours pas à croire que ce jeune a fait tout ça pour son vieux papa. Je suis terriblement fier de lui. »

Me levant de ma chaise, j'ai fait le tour du bureau pour le serrer dans mes bras. « Nous aussi croyons que Michael est assez spécial. Nous l'observions lorsqu'il venait payer cet ensemble d'accessoires de bureau, il était clair qu'il vous aime beaucoup. »

M. Murphy a souri en signe d'acquiescement, et s'est dirigé vers la sortie. Mais comme il s'approchait de la porte, il a tourné la tête vers moi et a cligné des yeux pour refouler ses larmes.

« Et vous savez quoi? Je n'ai même pas de bureau! »

Binkie Dussault

De bonne guerre

Le véritable but de nos voyages dans la famille de mon épouse en Orégon durant les Fêtes est, pour elle, de rendre visite à ses sœurs et à sa nièce, ainsi que faire des emplettes et cuisiner, bien sûr. Je suis donc là à me tourner beaucoup les pouces, sans personne avec qui jouer. Sauf mes neveux Adam, Jimmy et Tyler.

Il y a quelques années, j'ai institué une journée « Oncle et neveux » où nous sortons en force et passons du temps ensemble à faire quelque chose, quelque part. Du bowling, du ski, n'importe quoi. Du plaisir débridé et des moments de liberté, que seuls les oncles et les neveux partagent, loin de parents avec leurs règles. Des secrets et des promesses gardés, de l'amour assuré.

Cette fois, je suggère une excursion vers Coast Range, à l'ouest de Portland, dans un refuge d'élans appelé Jewell Meadows, où des centaines de magnifiques élans Roosevelt se rassemblent.

« C'est impressionnant », dis-je à mes neveux pour les convaincre. « De la vapeur chaude sort de leurs naseaux noirs pendant qu'ils émettent un hymne sinistre », que je disserte de manière poétique. « Nous entendrons d'énor-

mes mâles claironner leurs appels nuptiaux et nous les verrons se tenir fièrement au garde-à-vous pendant qu'ils surveillent leurs harems. »

Les neveux disent qu'ils sont partants.

Par un froid et humide matin de décembre, les neveux et l'Oncle – emmitouflés dans leurs parkas – s'entassent dans une vieille berline et se dirigent vers l'ouest avec un plaisir anticipé. Les gars sont de nouveau libres !

Maintenant, l'Oncle n'est pas allé à Jewell Meadows depuis deux ou trois ans peut-être, mais il semble certain de connaître le chemin.

Erreur.

Prenant le tournant vers le nord dont il se souvient bien, et le carrefour dont-je-suis-certain-que-c'est-à-gauche-ici, la Volvo beige serpente des routes montagneuses enneigées qui deviennent de moins en moins familières.

Les trois neveux, âgés de douze à quinze ans, se lancent des railleries qui sont immédiatement renchéries, lesquelles s'intensifient en un échange qui conduit à une escalade de mots d'esprit et d'insultes personnelles amicales.

C'est une affaire de gars.

C'est de cette manière que les gars se démontrent leur amour : se tirer au hasard l'un sur l'autre, se moquant des faiblesses et des sensibilités de chacun. C'est une préparation primitive en vue de la compétitivité qui les attend dans leur vie d'hommes, dans ce monde encore Néandertalien à l'occasion aux mentalités agressives. Que ce soit un combat de col bleu ou de col blanc, c'est toujours la même chose. Ces plaisanteries les endurcissent et les gardent durs, avec un message sous-jacent de soutien rempli d'amour.

Un oncle est un être spécial, à la fois une figure d'autorité adulte et un copain. Plus souple que papa, avec une camaraderie plus spontanée. Un égal pour un neveu – mais un égal avec une sagesse reconnue conjuguée à son caractère enjoué.

Un oncle est comme un dieu, mais agréablement imparfait et perplexe devant l'existence terrestre. Un oncle vous inclut dans le secret: personne ne connaît vraiment ce qu'est la vie, mais ne vous en faites pas. Soyez une bonne personne et profitez de la vie au maximum.

Zut! tout le monde est perdu dans la forêt hivernale cherchant des élans, riant à gorge déployée des balades à pied de l'Oncle. N'est-ce pas extraordinaire?

Après deux heures d'errance – avec les détours requis: effectuer des petites pause-pipi sur le bord de la route, se lancer des balles de neige dans des congères avec des neveux empilés sur l'Oncle tels de jeunes chiots, puis pousser la voiture sur la route depuis des accotements glacés –, l'Oncle finit par tomber sur le chemin vers Jewell Meadows.

Mais aujourd'hui, le pré longuement cherché – historiquement peuplé de quatre à cinq cents animaux majestueux sur des pelouses verdoyantes et des forêts bucoliques à l'arrière-plan – est ab-so-lu-ment... *vide*.

Pas un élan en vue.

« Alors, mon Oncle, où sont les élans? Nous n'en voyons aucun. » Les neveux sont sur le dos de l'Oncle.

Le cœur de l'Oncle se serre; son ego de mâle chancelle; son insigne de mérite pour son leadership avec les enfants est en péril. Le côté macho de l'Oncle se dissout en nacho.

« Je ne sais pas, bégaie l'Oncle. Ils sont *toujours* ici. Des *centaines*. C'est bizarre. Peut-être sont-ils en train de flâner en bordure de la forêt. Ça leur arrive parfois. Sortons de la voiture et marchons vers la clôture. Prenez aussi les jumelles. Il faut qu'ils soient quelque part. »

Tous les quatre montent la fermeture éclair de leurs parkas, enfilent leurs tuques de laine, attrapent les jumelles et avancent vers la clôture.

Voyant la ligne des arbres à moins de trois cents mètres au bout du pré, ils regardent et regardent. Ils commencent à halluciner. D'abord individuellement, puis collectivement.

« J'en vois un. »

« Regarde là-bas, juste passé ce drôle de gros buisson. »

« LÀ. Tu le vois ? Tu vois, il bouge. »

Mais même la plus grande conviction ne peut dénicher un élan. Il fait froid, le sol est tapissé de neige ; ils ont traversé le continent pour gagner la Terre promise, et il n'y a pas d'or. Pas de lait. Pas de miel.

Rien.

L'Oncle se ressaisit. « Oh, je comprends. »

Les yeux pleins d'espoir, les trois neveux attristés tournent leurs têtes en chœur dans sa direction.

L'Oncle hoche la tête d'un air entendu. « C'est la période de Noël, voilà la raison. »

« Euh ? Qu'est-ce que ça a à voir avec Noël ? » demandent les trois d'une même voix.

« Rappelez-vous… » et, sur-le-champ, Oncle entame une sérénade. Sa voix flotte sur le pré tout entier, une nouvelle version d'une vieille chanson de Noël.

« No-o-elll, No-ell. »

Les neveux sont stupéfaits. Ils se penchent en arrière pour s'éloigner de l'Oncle, les bouches grandes ouvertes, frappés de mutisme, incrédules.

« No-o-elll, No-ell. »

Ils ne peuvent croire ce qu'ils entendent. Adam, l'aîné, se ressaisit le premier. « Tu nous as fait faire tout ce chemin pour faire ÇA? »

À leur tour, les autres arrivent à la même conclusion. Ils se sont fait avoir. Ils se sont fait floués. Ils ont été dupés. Ils ont été trompés. Ils ont été roulés.

« Ça alors, les gars. »

« Incroyable. »

« Merde… »

Ils se détournent de la clôture pour faire face à l'Oncle. Il sera bientôt un homme mort. Il le sait – et il est incapable d'attendre.

Les neveux attaquent en force, le terrassent au sol, le martèlent, s'assoient sur lui, sautent sur lui et le bombardent de neige. Il ne résiste pas du tout.

C'est merveilleux. Il l'a mérité; il adore ça. Il *les* aime.

Et ils l'aiment.

James Daigh

Rien ne dit mieux je t'aime que...

Noël arrivait, et je n'avais pas une once d'entrain ou d'énergie. Je n'avais même pas le cœur pour un « ho-ho » sans enthousiasme. J'étais remplie de chagrin, empêtrée dans ma propre misère.

J'avais fait une dernière marche avec ma meilleure amie cette année-là et je pleurais encore sa mort. Aucune de mes filles loin de la maison ne pourrait venir pour les Fêtes. Mon mari récemment retraité, se battant avec sa propre identité, ne voyait pas ou ne pouvait voir que j'étais complètement déboussolée. Mes articulations me faisaient mal ; je me sentais vieille, je paraissais vieille et je perdais mon emprise sur les choses qui avaient toujours été si sûres et si stables dans ma vie. Je traversais à grand-peine mes journées, incapable même de me reconnaître moi-même.

Je pleurais la perte d'un passé où tout fonctionnait rondement. Les filles grandissaient ; j'étais occupée et impliquée dans leur vie ; mon mari travaillait. Mon chagrin avait atteint des proportions critiques après notre déménagement à l'autre bout de la ville, quelques mois

auparavant. Même mes voisins avaient été remplacés par des étrangers.

J'ai essayé les promenades dans le nouveau voisinage. J'ai essayé le magasinage des Fêtes. J'ai même vu un film ou deux. Mais je me sentais comme si j'avais perdu mon chemin. Puis le téléphone a sonné un après-midi.

« Isabel, a pépié une voix. C'est Julie. Nicholas se demande si tu as planifié ta journée annuelle de fabrication de biscuits ? As-tu décidé quelque chose ? »

Depuis que Nicholas avait été capable de marcher dans ma cuisine de mon ancien quartier, nous prenions le thé ensemble et cuisinions des biscuits. Cette année, son jeune frère Zachary était assez vieux pour se joindre à l'activité.

« Oh, Julie, je ne crois pas... » J'ai fait une pause et j'ai rassemblé quelque faux enthousiasme. « Bien sûr que je cuisinerai avec Nicholas. Et emmène aussi Zachary. Ce sera formidable ! »

J'ai fixé la date et raccroché le combiné du téléphone avec un poids dans l'estomac comme une boule de pâte à biscuits non cuite. C'était la dernière chose au monde que je souhaitais – deux petits garçons courant partout dans ma maison, dans ma cuisine, et dans ma vie. Pourtant, ce *serait* bien de perpétuer une vieille tradition.

Plus loin sur la rue vivait une autre enfant, une tranquille petite chose, qui me regardait parfois, cachée derrière un large frêne devant sa maison. Un jour, je l'ai vue assise à rien faire sur le bord du trottoir et, reconnaissant une âme sœur, je l'ai rejointe.

« Salut! Je suis Isabel. J'ai déménagé ici, ai-je précisé, et je suis seule parce que je ne connais personne. Quel est ton nom? »

« Kelsey, a-t-elle répondu. Je n'ai rien à faire. »

« Hmm. Bien, j'ai justement ce qu'il te faut, me suis-je entendue dire. Demain, mes amis Nicholas et Zachary viendront chez moi pour cuisiner des biscuits. Aimerais-tu te joindre à nous? »

Le matin suivant, la mère de Kelsey l'a amenée avec enthousiasme. Sur les marches de mon escalier se tenaient trois enfants souriants et deux parents. J'ai dit aux adultes que l'activité prendrait environ trois heures, mais que je leur téléphonerais quand tout le monde serait prêt à rentrer à la maison.

Et nous avons commencé tous les quatre.

Nous avons mesuré.

Nous avons mélangé.

Nous avons ri lorsque la farine a poudré nos visages et nos cheveux.

La pâte était plus que roulée et plus que manipulée, mais ça importait peu. Et personne ne s'est préoccupé que les moules à biscuits soient déformés ou remplis iné-galement. Et il n'y a pas eu de larmes à cause de la four-née d'arbres de Noël brûlés qui a déclenché le détecteur de fumée. Nous avons plutôt découvert qu'ils faisaient de splendides frisbees à lancer pour faire mouche dans le bain d'oiseaux gelé à l'extérieur.

Au cours des chansons et des conversations à la fois courtes et longues, j'ai apporté le glaçage: des tubes à pâtisserie rouges et verts qui débordaient d'un peu par-tout, de la base au sommet. Après une minileçon sur la

fabrication des rosettes, les trois petits se sont pratiqués à presser la préparation sucrée sur le comptoir. Saviez-vous que le glaçage rouge et vert teint la bouche, les dents et la langue en un terrible violet? Même les miennes!

Les minuscules doigts ont pressé les raisins pour les yeux et les boutons rouges à la cannelle sur le ventre des bonhommes en pain d'épice. Les enfants en ont mangé deux pour chaque bonbon ou raisin utilisé. Du sucre coloré parsemait la table, les biscuits en forme de père Noël et le plancher.

On a murmuré des secrets, on a soigné de petites blessures et on a résolu des problèmes, en même temps que nous nous sommes versé à trois reprises du thé plus que sucré aux bonbons dragées dans de vraies tasses de porcelaine.

Et – ô miracle des miracles – les biscuits glacés des Fêtes, placés et séparés par des napperons de dentelle en papier, ont tous été soigneusement emballés dans des boîtes blanches décorées avec des étiquettes « Joyeux-Noël-Je-t'aime », lorsque la sonnette a retenti. *Six* heures plus tard.

« Je pensais que tu étais venue ici pour décorer des biscuits, pas toi-même », taquina la mère de Kelsey. Les trois enfants ont souri en arborant des dents violettes. J'ai pris soin de garder ma bouche fermée.

« Tu me manques, Isabel. » Nicholas a mis ses bras autour de ma taille avant de partir. « La dame dans ton ancienne maison ne nous fait pas de biscuits ou du thé. »

« Ouais », a renchéri Zachary.

« Un jour », ai-je dit en souriant et en tenant les joues rosées de Nick entre mes deux mains, « tu grandiras et tu

ne voudras plus cuisiner des biscuits de Noël. Et je comprendrai. »

« Oh, non, Isabel! Je ne serai jamais, jamais trop vieux pour toi. Je t'aime. »

« Je t'aime aussi », a dit Zachary.

« Moi aussi », a murmuré Kelsey.

Et, soudainement, ils étaient attachés à moi comme du velcro.

Noël est arrivé. J'ai invité tous les anciens voisins et quelques-uns parmi les nouveaux. Mes filles ont téléphoné, désespérées et nostalgiques, et bien sûr, nous avons toutes pleuré. Mon amie me manquait toujours. Et mon mari n'avait pas du tout changé. Mais la chose la plus importante que j'ai apprise cette année-là était que:

Lorsque la vie semble triste – tendez la main.

Trouvez des enfants.

Faites des biscuits.

Isabel Bearman Bucher

Accords amoureux

Elle était étendue à plat ventre sur le plancher de bois, incapable de lever sa tête ou de bouger son corps. Cinq minutes ont passé. Dix. Quinze. Tout cela parce qu'elle avait essayé d'atteindre une décoration de Noël et qu'elle était tombée de son fauteuil roulant.

Quelle journée pour que John soit en retard, a-t-elle pensé, alors que sa position immobile devenait de plus en plus inconfortable.

La photographie de mariage sur la table s'était renversée avec elle. Du coin de l'œil, elle voyait une magnifique femme et un homme superbe, deux jeunes mariés aux yeux bleu irlandais et aux cheveux foncés. Des amis lui avaient dit qu'élever trois enfants ne semblait pas du tout les avoir fait vieillir.

Les crissements de la voiture de John entrant dans l'allée enneigée se sont fait entendre. Son cœur battait comme elle l'entendait monter deux par deux les marches de l'escalier de leur maison à deux niveaux, impatient de retrouver son épouse. Stupéfait de la trouver sur le plancher, John s'est laissé choir sur ses genoux – et il a pleuré avec elle.

Non par sympathie. Les mots d'esprit de Peg désarmaient tous ces trucs sentimentaux. Mais par amour – la plus profonde forme d'amour.

J'ai interrompu ce moment presque sacré en entrant. « Oh, je suis désolée », ai-je dit.

Étant la physiothérapeute de Peggy, j'ai frappé comme j'en avais l'habitude et je suis entrée. Son mari a séché ses larmes, a pris dans ses bras le corps frêle de son épouse, paralysée par la sclérose en plaques, et l'a portée jusqu'à la salle de bain. C'était son habitude chaque heure de lunch.

« Je ferais la même chose si la situation était inversée », lui a dit Peg, son courage maintenant restauré.

« Non, tu ne serais pas capable. Je suis trop gros pour toi », a-t-il répondu avec un large sourire alors qu'il la déposait dans son fauteuil roulant électrique, allumant d'un mouvement rapide les lumières de l'arbre de Noël et quittant pour le travail.

« Avez-vous mal aujourd'hui après la chute? » J'ai enlevé mon manteau à capuchon et mon foulard rouge.

« Non, allez-y et faites la routine », a dit Peg, puis elle a ajouté: « Je suis allée chez mon conseiller hier. »

« Comment ça s'est passé? » J'ai étiré son bras.

« Bien, jusqu'à ce qu'il demande: *Comment va votre vie intime?* Je lui ai répondu: *Bien, et comment va la vôtre?* Ça lui a cloué le bec. »

Personne ne s'immisçait dans la vie amoureuse de cette dame ou ne badinait, d'ailleurs, avec sa volonté de persévérer. La thérapie terminée, elle m'a demandé de placer la crèche et les figurines de la Nativité sur le

plateau de son fauteuil pour qu'elle puisse les disposer. Elle savait que ses doigts étaient inertes, mais hé! pourquoi ne pas essayer? C'était le temps des Fêtes.

J'ai hoché la tête avec émerveillement.

Ce soir-là, désireuse de montrer mon amour pour ce couple spécial, j'ai rassemblé un groupe de chanteurs de Noël à l'extérieur, devant la fenêtre de leur salle familiale. J'ai vu Peg assise dans son fauteuil roulant devant le foyer et John derrière elle comme une grande sentinelle protectrice.

Un, deux, trois. Nous avons entonné les premiers accords: « Deck the halls with boughs of holly... » Le son du trombone s'est élevé, les cloches ont sonné, nous avons chanté un pot-pourri des Fêtes.

Ils nous ont invités à entrer pour notre grande finale, « We Wish You a Merry Christmas ». Le four exhalait l'arôme du pain à la citrouille de John. Un peu gênés par la présence d'étrangers, ils sont demeurés en retrait au fond de la pièce jonchée de guirlandes.

Lorsque nous sommes sortis, j'ai jeté un coup d'œil à travers la fenêtre couverte de givre afin de voir l'éternel sourire de Peg. Son mari avait repris sa position attentionnée – son gardien, son amoureux, son ami pour la vie. Oh, certainement, Peg et John étaient heureux que nous leur ayons offert notre sérénade. Mais leur bonheur ne provenait pas des autres. Il provenait d'un lien sacré d'amour, le genre de lien qui unit à jamais.

J'ai parcouru déjà un album de photographies sur les couples. L'artiste avait préfacé son œuvre avec ces mots: « Tous les deux, nous formons une multitude. » Sûrement, il avait connu Peg et John.

Margaret Lang

Le manteau de Charlie

Elle était à la recherche, sans grand enthousiasme, de quelques bas de Noël égarés lorsqu'elle a découvert le manteau – chaud et doux, brun et chéri – tout au fond du placard de sa chambre, caché derrière une grosse boîte d'albums de Glenn Miller. La vue du manteau l'a déconcertée, surprise et attristée. Ces trois émotions se sont réunies en une boule d'angoisse quelque part entre sa gorge et son cœur à jamais brisé.

Pourquoi ne l'avait-elle pas trouvé avant? Charlie était parti depuis exactement une année, et elle était allée d'innombrables fois dans ce placard. Elle l'avait ratissé comme une folle, les yeux remplis de larmes, cherchant des morceaux de l'homme qu'elle avait aimé toute sa vie, des choses lui appartenant, des choses qu'il avait portées. Des chemises en flanelle délavées – sa seconde peau de septembre à avril –, des jeans déchirés avec des plis blancs permanents, et ses souliers.

Oh, mon Dieu, les souliers.

Des souliers vides, juste là, tout seuls. Sauf pour le manteau, c'était la chose la plus difficile à regarder. Des souliers de marche Reebok, blanc sur blanc, ses souliers

de réserve. Elle les avait achetés juste deux semaines avant qu'il ne décède.

Où était l'homme qui remplissait ces souliers?

Pas ici. Pas assis avec elle sur le bord du lit, pas dans l'atelier de menuiserie, pas au comptoir de mets à emporter du coin, pas en train de papoter avec les voisins contre la clôture, pas en train de balancer un petit-enfant sur ses genoux, pas ici dans cette maison.

Où il avait appartenu.

Ginny s'est forcée à se lever, à faire deux petits pas et, les yeux fermés, à tendre le bras vers le fond du placard. *Ici,* pensait-elle. Elle le touchait. Vous voyez? Elle pouvait toucher ce manteau sans s'effondrer. *Mais pouvait-elle le tenir,* demandait une petite voix intérieure. *Pouvait-elle le sentir, le regarder?* Et comme elle se posait la question, cela l'a frappée de nouveau... *comment était-il arrivé là, et où était-il pendant toute cette longue année?*

Elle avait dit aux enfants qu'elle voulait le retrouver. Peu lui importait lequel d'entre eux l'avait pris. Elle savait que c'était par amour qu'ils avaient conspiré pour le cacher, comme un fragment de souffrance qu'elle n'aurait pas à voir. Elle savait, elle savait que... loin des yeux, loin du cœur.

Mais ils avaient insisté, tous les trois, ils n'avaient pas caché le manteau, le manteau de ferme brun chocolat qu'elle lui avait offert à leur premier Noël, en 1962. Celui qu'il avait porté pour travailler chaque jour pendant les vingt-cinq années qui avaient suivi, celui qu'elle menaçait, en l'agaçant, de jeter quand les poches se déchiraient et quand les côtes profondes étaient devenues lisses et ternes, et que les pointes du collet retroussaient.

Celui qu'il avait insisté pour garder longtemps après qu'il a été présentable.

À peine le temps d'une respiration, elle s'est levée sur la pointe des pieds et a tiré sur le manteau, avec toute la solitude et tout le désespoir et toute l'effroyable mélancolie qui l'habitaient, et tout aussi soudainement, avec le plus grand soin, le plus grand respect et le plus grand amour, elle l'a ramené sur sa silhouette tremblante et minuscule et l'a enfilé, un bras à la fois, jusqu'à ce qu'elle puisse croiser les bords, puis elle l'a tenu serré contre elle et s'est rappelé.

« Une suuu-perrrr-be dame que j'ai connue me l'a acheté, avait-il dit, et je ne suis pas prêt de m'en défaire. »

Elle se rappelait encore la douleur ainsi que la fierté ressenties lorsqu'il avait prononcé ces mots, la regardant comme si elle était la meilleure chose qu'il pouvait jamais espérer posséder, et elle avait compris. Lui aussi avait certainement été la chose la plus belle qu'elle avait jamais connue.

Et, oh, c'est arrivé d'un coup. Cet unique moment lointain a fait éclater la digue. Simplement ses mots paisibles : « C'était la première fois dans ma vie, Ginny, que quelqu'un m'aimait assez pour m'acheter un nouveau manteau, un tout nouveau manteau. Merci pour cela, de m'aimer de cette manière. »

Et après les horribles serrements de cœur provoqués par sa mort soudaine, elle avait cherché partout le manteau. Elle avait mis la maison sens dessus dessous pour le retrouver et n'y était jamais parvenue. Mais maintenant il était là, une année plus tard, enveloppé autour d'elle. La neige tombait, les cloches de Noël sonnaient, il commençait à faire sombre, et il était là.

Ginny a serré le manteau encore plus fort contre elle et a penché son visage vers le collet. Elle a inspiré et senti l'odeur des copeaux de pin, du parfum English Leather, du bon café fort… et de Charlie. Elle a pris une autre profonde, très profonde respiration, du plus profond de son être, et tous les moments partagés avec lui ont surgi dans son esprit et dans son cœur, et elle s'est blottie encore plus dans la chaleur.

Oh! oui! Comme elle l'avait aimé, cet homme, en ce jour de Noël d'une époque si lointaine. Et tous les autres Noël suivants. Et elle l'aimait toujours, en ce Noël, où rien ne subsistait de lui, sauf les souvenirs.

Et son vieux manteau brun.

Robin Clephane Steward

Retour dans le passé

Ce ne serait pas Noël sans le souvenir de mon père prenant la photographie annuelle des Fêtes. J'ai en mémoire l'image de la racine de ses cheveux avec la caméra masquant son visage et l'étui ouvert pendant en dessous comme l'équipement protecteur d'un masque de receveur.

Mais rien ne protégeait papa du tohu-bohu de cinq enfants le jour de Noël. La commotion de Noël était incompatible avec son tempérament allemand, qui le poussait à créer l'ordre à partir du chaos.

Il avait donc institué le rituel. Personne ne pouvait commencer son repas, ou même toucher sa fourchette, avant qu'il ait pris la photographie des Fêtes. Il était récompensé par une certaine forme de tranquillité, même si cette trêve ne durait que quelques précieuses minutes.

« J'ai besoin de calme, ordonnait-il, sinon ça va me prendre encore plus de temps pour faire la mise au point. »

Nous roulions des yeux – les seules choses que nous pouvions bouger sans déranger la pose. Le centre de son

attention était une Zeiss Ikon Contaflex One, achetée alors que nous étions basés en Europe. Une caméra 35 millimètres manuelle qui exigeait des calculs et des ajustements interminables avant qu'il n'ose appuyer sur le déclencheur. Je suis certaine que c'est un père comme lui qui a inspiré un certain enfant à inventer le Kodak Instamatic®!

Pendant ce qui paraissait des heures avant la prise de la photographie, il nous faisait asseoir, immobiles à nos places assignées autour de la table. Il regardait à travers le viseur toutes les deux ou trois secondes. Il lisait – et relisait – le manuel d'instructions. Il regardait fixement à travers des lunettes de lecture pour ajuster les réglages de la caméra.

Et maman ne faisait preuve d'aucune compassion à notre égard.

« Soyez patient avec votre père, nous conseillait-elle. Un jour, lorsque vous serez des grandes personnes, vous le remercierez pour ce qu'il est en train de faire. »

Il se trouve que maman avait raison!

Des années après avoir quitté la maison, j'ai fouillé dans une boîte dans son sous-sol et j'ai découvert les photographies de Noël. Je les ai regardées attentivement l'une après l'autre et je me suis rendu compte que, instinctivement, papa avait chaque année reproduit presque les mêmes poses. Les changements étaient si mineurs que les photographies ressemblaient à des images d'animation. Je les ai placées en ordre chronologique, les plus anciennes en dessous, et j'ai commencé à les feuilleter une année après l'autre.

J'ai remarqué comment les images changeaient au bout de la table où une chaise haute entrait et ressortait

de la photo comme une balle de ping-pong, à mesure que chaque bébé devenait trop grand pour elle. Finalement, Gretchen, Carolyn, Jan et moi étions toutes assises à la table. Sept images plus tard, la chaise haute était remise en place pour le petit dernier de la famille, Bart. Nos tailles augmentaient avec les années, et nos coupes de cheveux se modifiaient: à la garçonne, en chignon, au carré. Nous étions toujours endimanchés, et les vêtements de maman reflétaient les décennies.

Mais il y avait peu de changements à l'extrémité de la table.

Sans qu'on puisse le voir se précipiter à sa propre place devant la caméra, papa arborait une coupe en brosse militaire soignée. Il portait toujours une chemise blanche et une cravate qui était parfaitement assortie à ses pantalons. Sa main gauche agrippait une fourchette de taille démesurée empalant la poitrine de la dinde. Sa main droite tenait un couteau en position de découpage. Signe du passage du temps, j'ai même aperçu une corde blanche émergeant d'une prise sur le mur jusqu'au nouveau couteau électrique de papa.

Tout est là, capté année après année, alors que nous gardons notre place et nos sourires, attendant que le déclencheur à retardement, réglé avec diligence par papa, prenne notre pose.

L'histoire de ma vie se retrouve dans ces photographies, dans tout ce que l'on voit et ce que l'on ne voit pas. Et je souris, me rappelant l'adage au sujet de la valeur d'une photographie. Dieu merci, papa nous aimait assez pour ignorer nos grognements et les figer sur pellicule.

Kathryn Beisner

Mettez-y de l'amour

Pendant cette période des Fêtes, adoptez quelqu'un dans *votre* famille pour le couvrir d'amour en accomplissant l'un des gestes suivants :

Ouvrez votre maison : Voyez votre cercle de connaissances avec de nouveaux yeux. Ne connaissez-vous pas un étudiant d'université qui est dans l'impossibilité de retourner chez lui en cette fête de Noël ? Un collègue de travail sans parents ? De nouveaux voisins dans la maison d'à côté ? Un membre de votre communauté veuf depuis peu ? Songez à eux comme à une famille élargie – et invitez-les à partager votre repas des Fêtes.

Adoptez une grand-mère : Contactez un centre d'accueil pour personnes âgées de votre quartier et demandez le nom d'une résidante seule. Faites d'elle votre grand-mère honoraire. Rendez-lui visite, téléphonez-lui et apportez-lui des cadeaux gentils. Donnez gratuitement de votre temps – et rappelez-vous d'entretenir cette nouvelle relation tout au long de l'année.

Devenez un ange : Profitez des occasions à votre portée durant le mois de décembre pour tendre la main dans votre entourage. Contribuez à l'arbre de charité du centre commercial, occupez-vous d'un parent seul en vous adressant à votre centre communautaire, ou d'un adolescent sans domicile par le biais d'un refuge local. Répondez à leurs besoins, glissez un article de luxe ou deux, et faites-le avec le même esprit de générosité que vous démontreriez pour vos propres enfants.

LA BONTÉ

Des preuves
de plus en plus évidentes

« Si vous étiez arrêté pour cause de bonté, les accusations seraient-elles justifiées?» a déjà demandé quelqu'un.

Quel étonnant concept, particulièrement à une époque où tout le monde en parle, mais peu de gens semblent vraiment le pratiquer. En surfant sur Internet pour y chercher ce seul mot « bonté », on retrouve un renversant 1 320 000 sites. Des sites Web entiers tournent autour de ce sujet. D'innombrables essais exposent des théories compliquées sur le sujet. Certains organismes fondent leur mission première sur des déclarations au sujet de la bonté. Des mouvements locaux, nationaux et internationaux font la promotion d'une révolution entière fondée sur la bonté.

Et avec raison.

Nous vivons une époque difficile qui met notre âme à l'épreuve. Des moments pénibles dans le pays, dans la ville, dans le voisinage, dans le pâté de maisons. À tous ces endroits, nous trouvons des enfants avec des ecchymoses, et des adultes aux visages durs. Nous trouvons des garde-manger vides, des portefeuilles vides, et des cœurs qui saignent. Nous trouvons des âmes errantes et des corps désœuvrés. Des esprits ternes et des bras vides. Des personnes confinées chez elles et des itinérants. De la solitude. Du désespoir. De la peur.

De la souffrance.

Il est possible que nous ne nous sentons pas concernés personnellement, mais les gens sont là.

Pourtant, derrière tout cela subsiste l'espoir éternel du genre humain. L'espoir que les choses iront mieux, que les gens se rétabliront, que les maladies seront vaincues, que les pauvres s'enrichiront…

Mais, à l'heure actuelle, nous reposons sur la bonté humaine, le baume guérisseur pour tout ce qui nous afflige. Car c'est par la bonté, avons-nous découvert, que l'on adoucit la souffrance et que l'on répand la joie.

Lorsque nous pratiquons la bonté, la vie devient meilleure pour chacun – pour celui qui donne et pour celui qui reçoit. Qu'elle soit spontanée ou préméditée, simple ou complexe, la bonté en action influence de manière positive.

C'est un simple mot, avec une définition tout aussi simple.

Bon: qui est d'une nature amicale, généreuse ou bienveillante.

Bonté: la qualité – ou l'état – d'être bon.

Alors, est-ce si difficile d'adopter cette valeur? D'en faire une qualité naturelle en nous-mêmes? De réellement *devenir* des êtres bons, bienveillants?

Un professeur d'université a dit un jour: « La bonté est inhérente à chacun de nous. C'est notre désir intérieur d'imiter le divin, de donner de nous-mêmes. »

Mais même une bonne intention n'engendre pas nécessairement la bonté. Demandez seulement à Gladys.

De nature généreuse, elle considérait le temps des Fêtes comme une occasion de partager sa modeste fortune avec des amis et sa famille élargie. Cependant, à l'âge de quatre-vingt-treize ans, elle a découvert que le magasinage était une tâche monumentale. Elle a plutôt décidé d'insérer des chèques d'égale valeur dans les cartes de Noël de chacun.

Empressée de les envoyer, elle a gentiment écrit: « Achetez votre propre cadeau cette année », puis elle a mis les cartes à la poste.

Ce n'est qu'après les Fêtes qu'elle a découvert tous les chèques – enfouis sous une pile de papiers sur son bureau!

Comme les chèques égarés de Gladys, la bonté est souvent enfouie dans le rythme empressé de la vie. Et n'est-ce pas une honte? Spécialement lorsque c'est un trait de caractère si facile à réclamer, si facile à intégrer, moment par moment et jour après jour.

Regardez autour. Mlle Savoir-vivre le prêche: soyez poli. Oprah – à l'instar d'innombrables gens – l'encourage: accomplissez « des actes aléatoires de bonté ». Et le film *Payez au suivant* l'illustre clairement: la bonté engendre la bonté.

C'*est* vraiment aussi simple que cela.

La bonté, c'est la *gentillesse*, une décence morale commune ou – plus simplement – faire ce qui est bien, ce qui est poli. Elle ne faiblit pas devant les questions de religion, de politique, de genre ou de race. La bonté anticipe les besoins, crée la valeur et la substance, fait une différence – à grande ou à petite échelle, à des doses aléatoires ou à grandes gorgées. La bonté génère des ondulations sans fin. Plus nous offrons, plus nous aurons à offrir. Mieux encore, elle est contagieuse – les autres la transmettent.

Mère Teresa recommandait vivement:

Répandez l'amour partout où vous allez. Tout d'abord, dans votre propre maison… ne laissez personne venir à vous sans en ressortir meilleur et plus heureux. Soyez l'expression vivante de la bonté de Dieu; la bonté dans votre visage, la bonté dans vos yeux, la bonté dans votre sourire; la bonté dans votre accueil chaleureux.

Son message est clair. Et simple. Ceux qui le suivent peuvent s'écrier d'une seule voix: « La preuve est là. Nous sommes coupables des accusations portées contre nous! Condamnez-nous tous pour cause de bonté! »

Attirés par la chaleur

En tenant compte du facteur de refroidissement, je savais que la température frôlait les – 20 °C. Le froid mordant affectait durement ma sensibilité californienne, ainsi que mon enthousiasme de touriste, j'ai donc emprunté la première porte pour de la chaleur… et me suis retrouvée dans la célèbre Union Station de Washington, D.C.

Je me suis installée sur l'un des bancs publics avec une tasse de café bouillant – attendant que se rétablisse la circulation dans mes doigts et mes orteils – et me suis détendue pour m'engager dans une observation sérieuse des passants.

Plusieurs tables de dîneurs débordaient dans le grand hall du chic Restaurant Américain, et des arômes célestes m'ont tentée au point où j'ai envisagé de souper tôt. J'observais un homme assis tout près et, voyant la convoitise dans ses yeux, je me suis rendu compte que lui aussi avait remarqué la nourriture alléchante. Son corps décharné, ses mains gercées par le vent et ses vêtements en lambeaux criaient presque: « Sans-abri, sans-abri! »

Depuis combien de temps avait-il mangé? me suis-je demandé.

M'attendant un peu à ce qu'il s'approche de moi pour une aumône, je me réjouissais presque d'un tel scénario. Il ne l'a jamais fait. Plus je m'imprégnais de la scène, plus sa détresse me semblait cruelle. Ma tête et mon cœur menaient une guerre silencieuse, la première me disant de me mêler de mes affaires, le second me conseillant vivement d'aller dans l'aire de restauration pour lui.

Pendant que je me débattais avec mon dilemne, un jeune couple bien habillé s'est approché de lui. « Excusez-moi, Monsieur, a commencé le mari. Mon épouse et moi venons tout juste de finir de manger et nos appétits n'étaient pas aussi grands que nous le pensions. Nous détestons gaspiller de la bonne nourriture. Pouvez-nous nous aider et vous servir de ceci? » Il a tendu un grand contenant en polystyrène.

« Dieu vous bénisse tous les deux. Joyeux Noël », fut la réponse pleine de gratitude.

Ravie, quoique consternée par ma propre inaction, j'ai continué à observer. L'homme a examiné minutieusement son nouveau don, a redisposé les biscuits salés pour la soupe, a inspecté le sandwich club et brassé la vinaigrette – prolongeant de toute évidence ce repas miracle. Puis, avec une lenteur délibérée, il a levé le couvercle du bol de la soupe et, enveloppant ses mains autour du plat chaud, il en a inhalé l'arôme fumant. Finalement, il a déballé la cuillère de plastique, l'a remplie à ras bord, l'a portée à sa bouche et – avec une soudaineté qui m'étonna – s'est arrêté net.

J'ai tourné la tête pour suivre la direction de ses yeux plissés.

Entrant dans le hall et marchant en se traînant les pieds dans notre direction, une nouvelle personne arrivait. Sans chapeau ni gants, l'homme âgé était habillé de pantalons légers, d'un veston élimé et de souliers ouverts. Ses mains étaient abîmées, et son visage avait une teinte bleutée. Je n'étais pas la seule à avoir le souffle coupé devant cette triste vision, mais mon voisin indigent a été le seul à réagir à son égard.

Mettant son repas de côté, il a bondi sur ses pieds et a guidé le vieil homme vers un siège adjacent. Il a pris ses mains glacées et les a frottées vivement dans les siennes. Avec un dernier geste de tendresse, il a enveloppé les épaules du vieil homme avec son propre veston.

« Pop, mon nom est Jack, a-t-il dit, et l'un des anges de Dieu m'a apporté ce repas. Je viens juste de finir de manger et je déteste gaspiller de la bonne nourriture. Pouvez-vous m'aider à le terminer? »

Il a déposé le bol de soupe encore chaud dans les mains de l'étranger sans attendre une réponse. Mais il en a reçu une.

« Bien sûr, mon fils, mais seulement si vous partagez ce sandwich avec moi. C'est trop pour un homme de mon âge. »

Ça n'a pas été facile de me frayer un chemin vers l'aire de restauration à cause des larmes qui me brouillaient la vue, mais je suis bientôt revenue avec de grands contenants de café et un vaste assortiment de pâtisseries. « Excusez-moi, Messieurs, mais… »

J'ai quitté Union Station ce jour-là en ressentant une chaleur que je n'avais jamais crue possible.

Marion Smith

L'école de « l'embauche »

J'ai plissé le nez et humé l'air alors que je fermais les fenêtres de la classe; pourtant, je ne pouvais identifier cette vague odeur. Mais nous étions vendredi après-midi, c'était ma première semaine d'enseignement, et – même si j'étais déjà en amour avec mes étudiants travailleurs – j'étais épuisé et prêt à quitter l'édifice.

Mes vingt-quatre élèves de cinquième année étaient majoritairement les enfants de travailleurs agricoles saisonniers de Long Island. Leurs parents étaient employés à la ferme locale d'élevage de canards, et plusieurs recevaient de l'aide sociale. Ils vivaient dans des cabanes de canards aménagées, avec des cabinets d'aisance extérieurs, des pompes manuelles à eau froide et des poêles à bois ronds.

Les odeurs n'étaient donc pas à ce point inhabituelles.

Cependant, le lundi matin suivant, l'odeur répugnante dominait la salle chaude. Comme un chien sentant sa proie, j'ai reniflé jusqu'à ce que je la découvre: un sandwich en pourriture dans le pupitre de Jimmy Miller, le pain dégoulinant de beurre rance et la viande verte. J'ai réenveloppé le sandwich, je l'ai remis dans son pupi-

tre et j'ai ouvert toutes les fenêtres avant l'arrivée de mes élèves.

À midi, les enfants ont récupéré leur sac à lunch et se sont précipités vers la table de pique-nique du terrain de jeu. J'ai vu Jimmy déballer son sandwich et faire semblant de manger. S'assurant que les enfants ne le voyaient pas, il l'a emballé de nouveau, l'a mis dans sa poche et l'a glissé dans son pupitre au retour en classe.

Mon estomac s'est noué de compassion devant la pauvreté de Jimmy... et sa fierté.

Après une discussion privée, un autre professeur et moi avons « embauché » Jimmy pour des tâches en classe comme nettoyer les tableaux. En guise de rétribution, nous avons offert un lunch quotidien à Jimmy en notre compagnie. Nous l'avons aussi encouragé à étudier et lui avons fourni du tutorat après l'école. Avant longtemps, Jimmy tirait de la fierté de ses repas spéciaux et obtenait des notes supérieures dans toutes ses matières. Comme le mot s'était répandu parmi le corps enseignant, Jimmy a été « ré-embauché » par le professeur qui a suivi à chaque année.

Après un certain temps, cependant, j'ai accepté un autre poste de professeur et j'ai déménagé.

Je suis revenu faire un tour à cet endroit onze années plus tard, et c'est là que mon ami Chris m'a demandé si je me souvenais de Jimmy. « Il fréquente maintenant l'université et il est chez lui pour le congé de Noël. Lorsque j'ai mentionné que tu venais, il a demandé à te voir. »

« Vraiment? Il n'était qu'un gamin quand je l'ai connu. »

« Il a grandi depuis. » Chris essaya de retenir un sourire. « Il dit qu'il a un cadeau de Noël pour toi. »

« Un cadeau ? Pour moi ? »

Jimmy est arrivé en voiture un peu plus tard, et je suis sorti pour le rencontrer. Mesurant près de deux mètres et pesant dans les cent trente kilos, il n'était certainement plus un gamin.

« Joyeuses Fêtes. » Jimmy m'a tendu une main démesurée. « J'ai entendu dire que vous avez obtenu votre doctorat. Félicitations ! Est-ce que ça vous va si je vous appelle Doc ? »

« Ça me va très bien, Jimmy. » J'ai incliné la tête et levé les yeux sur toute sa hauteur. « Qu'as-tu fait de bon ? »

« Eh bien, j'ai obtenu une bourse de football de quatre ans, et j'étais sur la liste des meilleurs étudiants chaque semestre. J'obtiens mon diplôme en juin. »

« Beau travail. Je parie que tu as déjà signé un contrat professionnel. Beaucoup d'argent, tu sais. »

« Ouais, j'ai eu quelques offres, mais je n'irai pas chez les pros. »

« Sans blague. Pourquoi pas, Jimmy ? »

« J'ai d'autres plans. »

« Oh ? »

« J'ai terminé mes stages pour devenir professeur la semaine dernière, Doc. » Il m'a souri lorsque j'ai paru surpris. « J'ai décidé d'être un professeur – juste comme vous. » Pendant un moment de silence, Jimmy a regardé fixement par-dessus mon épaule… et dans le passé. « Je sais que vous et vos collègues avez inventé ces tâches en classe pour moi. » Il s'est éclairci la gorge. « Vous m'avez aidé à conserver ma dignité, et je n'ai jamais oublié. »

J'ai senti une boule dans ma propre gorge alors que Jimmy me regardait directement dans les yeux.

« Quand les professeurs prennent ça vraiment à cœur, les élèves le ressentent, a dit Jimmy. C'est pourquoi je veux enseigner. Je veux être là pour mes élèves tout comme vous l'avez été pour moi. »

Quel cadeau de Noël, ai-je pensé. Et, les yeux un peu humides, nous nous sommes serré la main.

Nous n'étions plus un professeur et un élève, nous étions maintenant deux hommes avec les mêmes espoirs – et les mêmes buts.

Edmund W. Ostrander

Père Noël surprise

Quelques jours avant Noël, un couple de chrétiens dévots tenait leur jeune fils par la main et marchait rapidement vers leur église tout près. Mais le garçon a fait un mouvement de recul, a ralenti et s'est arrêté brusquement.

« Père Noël, a-t-il murmuré. Père Noël! »

Le jeune de quatre ans s'est libéré de la poigne de ses parents et a couru vers un vieux monsieur qui portait une longue barbe blanche qui flottait.

Tirant sur le bas du manteau de l'étranger, le jeune a demandé: « Père Noël, allez-vous m'apporter un ourson pour Noël? »

Embarrassé, le couple a commencé à s'excuser, mais l'homme leur a simplement fait signe de demeurer en retrait. Il a plutôt tapoté la tête de leur fils, hoché une fois la tête, fait un clin d'œil amusé au jeune et – sans dire un mot – il a continué son chemin.

Le matin de Noël, un cognement à la porte a interrompu les festivités familiales. Dans l'embrasure de la

porte se tenait le vieil homme avec un gros ourson portant un ruban en tissu écossais autour du cou.

« Je ne voulais pas que le petit bonhomme soit déçu pour son Noël », a-t-il expliqué avec une grimace gênée, puis il s'est retourné pour partir.

Mal à l'aise et stupéfaits, les parents n'ont pu que bégayer un faible : « Euh… mm-erci… Et Jj-oyeux Noël à vous… Rabbin. »

Henry Boye

Dans le sac

Comme je quitte le froid humide hivernal pour entrer dans la chaleur du salon de Carmen, son cocker annonce ma visite par un aboiement aigu.

« Je suis ici », crie Carmen.

Je passe devant l'arbre de Noël sur table et trouve Carmen assise dans son fauteuil roulant à côté de douzaines de sacs en papier blanc qui se tenaient au garde-à-vous sur la table de la salle à manger.

« As-tu apporté la marchandise? » demande-t-elle.

Je fais un signe d'acquiescement, lui présentant trente paquets de biscuits Famous Amos. Carmen sourit alors que je dépose un paquet dans chaque sac. La veille de Noël, Carmen les livre aux trente résidants de Shalom House, un refuge pour sans-abri à Kansas City au Kansas, où son amie Mary Kay vit et travaille. J'avais entendu parler des sacs pendant des mois, et je voulais faire partie de la tradition vieille de quinze ans.

Ma compréhension du fait d'être sans-abri, c'est le type sur la rampe d'accès de l'autoroute qui tend une affiche demandant du travail, ou les hommes étendus sous

des tas de couvertures dans les rues de Manhattan. D'une certaine manière, les paquets de biscuits semblent une trop maigre offrande à des hommes dans une telle indigence.

Âgée de soixante-quinze ans, Carmen prépare méticuleusement les cadeaux de Noël comme une doyenne prenant soin d'une reine. Une carte de Noël rouge lustré, avec en relief une image des Rois mages apportant des cadeaux, est soigneusement attachée à chaque sac à l'aide de ruban adhésif. En haut de chaque carte, il est écrit : « Que la paix du Christ soit avec vous. »

Le caractère joyeux et la résolution de Carmen donnent une fausse idée de ses innombrables problèmes de santé. Outre le diabète et l'insuffisance cardiaque congestive, la neuropathie a détruit la sensation dans le bout de ses doigts enflés. Il lui faut beaucoup de temps pour bouger un stylo ou déchirer un morceau de ruban adhésif.

« Regarde tous les trucs là-dedans », dis-je en m'exclamant, notant que chaque sac contient déjà un rasoir, du déodorant, des bâtonnets au fromage, des amuse-gueules et d'autres articles enfouis au fond.

« Il y en aura d'autres. » Carmen débite fièrement à toute vitesse les noms d'amis qui apporteront d'autres petits cadeaux.

La tradition a commencé avec les cartes de Noël contenant quelques billets neufs de un dollar. Avec les années se sont ajoutés du shampoing, une paire de bas, une collation. En dépit de son maigre chèque d'assistance sociale, Carmen s'est débrouillée pour augmenter chaque année le nombre des cadeaux.

Des amis ont commencé à offrir leur contribution. Que penser de bonbons? Une paire de gants? Le projet s'est transformé en un effort de groupe rassemblant des douzaines de personnes, chacune contribuant trente articles identiques.

« Cette année, les sacs ont une valeur de soixante-dix dollars chacun. » Carmen secoue légèrement la tête de plaisir. « Et ils sont tellement remplis que Noël prochain j'aurai besoin de sacs encore plus gros! »

Je songe aux hommes de Shalom House et décide de faire une visite au refuge après Noël. Il est situé à l'extrémité d'un lot désert, aussi abandonné qu'un jouet brisé. L'intérieur est propre et accueillant, mais étonnamment tranquille à ce moment de la matinée; les hommes sont partis tôt, espérant trouver du travail.

Mais l'amie de Carmen, la minuscule Mary Kay, est là. Mère et grand-mère attitrée de Shalom House, elle s'occupe des activités quotidiennes avec une persévérance stoïque – comme elle le fait depuis maintenant dix-sept ans.

« Au moment où ils arrivent ici, les hommes n'ont pas d'endroit où aller, dit-elle. Shalom House représente l'espoir – des vêtements propres, un repas chaud, un lit et une atmosphère familiale. Au moins pour quelques jours. »

Lorsque j'admire l'arbre de Noël bien décoré dans le coin de la salle à manger, Mary Kay m'invite pour une visite de la maison.

Quinze lits métalliques superposés sont alignés dans la pièce du fond. Un panda rembourré se balance au bout d'un ruban rouge au-dessus du lit numéro quatorze. Des chemises sont suspendues aux chevrons parce qu'il n'y a

pas de place pour des commodes ou des vestiaires. Un large placard est rempli de chemises, de pantalons, de sous-vêtements et de bas.

« La plupart des hommes arrivent avec seulement les vêtements qu'ils portent sur eux », explique-t-elle.

« Qu'arrive-t-il avec les sacs de Carmen? » que je lui demande.

« Ces sacs sont les seuls cadeaux que plusieurs des hommes reçoivent. » Mary Kay pointe du doigt un lit superposé et je reconnais la marque de commerce indéniable de Carmen collée au-dessus de celui-ci: une carte de Noël rouge lustré, avec les Rois mages en relief apportant des cadeaux.

« Et les hommes apprécient-ils les cadeaux? » que je demande, encore inquiète qu'ils soient un peu trop… insignifiants.

Mais Mary Kay roule des yeux. « Ils les adorent. Eh, c'est que les hommes s'assoient immédiatement sur leurs lits, en vident le contenu et commencent à faire du troc. Ils deviennent aussi excités que des petits garçons qui échangent des cartes de baseball! »

De retour à ma voiture, je reste assise là pendant une minute et commence à faire du remue-méninges sur ma possible contribution au projet de Carmen l'an prochain. Des parapluies seraient bien. Des tuques de laine seraient bien. Ou peut-être des mitaines?

Sheila Myers

Caresse après caresse

Je me suis frayé un chemin parmi la foule de gens emmitouflés dans des manteaux d'hiver. Là, sur la rue enneigée, gisait Blackie. Je suis tombée aux pieds de ma chienne colley et je l'ai enveloppée de mes bras comme pour la protéger d'autres blessures. Pas une voiture ne bougeait en ce froid dimanche matin – rien ne bougeait sauf sa douce fourrure tricolore et mes larmes.

« Pourquoi n'arrivent-ils pas? » Je regardais les visages tristes au-dessus de moi. « Pourquoi ne se dépêchent-ils pas? » J'étais certaine qu'*ils* lui sauveraient la vie... malheureusement, il n'y avait plus rien à sauver.

Mes parents m'ont éloignée, alors que, la main tendue vers mon animal de compagnie bien-aimé, je l'ai appelée une dernière fois: « Blackie, oh, Blackie ».

La joie de Noël s'est éteinte aussi rapidement que le véhicule en délit de fuite avait glissé le long de la route glacée. Les guirlandes argentées sur l'arbre ont perdu leur éclat; les bas suspendus au-dessus du foyer, leur promesse; et les chocolats en papillotes rouges et vertes, leur douceur. Sans un colley roulé en boule sur le tapis oriental, le gris est devenu la couleur des Fêtes.

Maman a perdu de l'intérêt pour sa cuisine. Mes cousins n'ont plus piqué de paillettes sur les boules de polystyrène. Mon frère a abandonné ses patins. Pire de tout, les chansons de Noël sur la chaîne stéréo ne pouvaient être entendues sans mes pleurs incessants. La crise de larmes avait acquis une vie qui lui était propre. Même les genoux de papa, habituellement la solution à tous les problèmes, n'offraient aucune réponse à ce moment-là.

Jusqu'à ce que grand-père s'en mêle. « Est-ce que quelqu'un pourrait faire cesser ce tapage ? »

Saisie, j'ai retenu mon souffle... incertaine que de continuer à pleurer n'était pas sans risque pour moi.

Les douces paroles de ma tante Veramina ont adouci l'atmosphère. « Viens avec moi dans ta chambre, Margaret, pour que je puisse brosser tes cheveux. »

Ma main dans la sienne, nous avons suivi la rampe d'escalier enguirlandée en montant jusqu'à l'étage de la grande maison coloniale. Elle m'a fait asseoir sur une chaise à fanfreluches roses et a pris ma brosse dans l'ensemble de toilette sur le dessus de la commode.

« Et maintenant, est-ce qu'on ne se sent pas mieux ? » a-t-elle demandé alors qu'elle défaisait mes longues nattes et, de ses mains habiles, passait la brosse de soie dans mon épaisse chevelure auburn.

Les spasmes des pleurs se sont détendus. Un reniflement s'est fait entendre. Un sanglot s'est évanoui doucement. Finalement, j'ai rempli mes poumons épuisés par le chagrin avec une longue respiration fortifiante.

Sous les caresses apaisantes de bonté de ma tante, ma tête se penchait d'avant en arrière. Le rythme, ressemblant à celui d'une chaise berceuse, a transformé la tristesse de la journée en une paix du moment.

Un peu plus tard, mes nattes et moi rebondissions en descendant les marches de l'escalier. À mon apparition dans le salon, j'ai entendu une inspiration simultanée. Je me suis penchée sur la boîte de décorations et, coïncidence, j'ai choisi la grosse larme de verre. Cette larme n'était pas triste; elle était joyeuse, très joyeuse – rose criard garnie d'une broderie dorée. Lorsque je l'ai accrochée sur l'épinette odorante, j'ai senti un soupir de soulagement simultané autour de moi.

« Tiens », dit grand-père en m'offrant des pacanes fraîches en signe de paix. Ses doigts âgés autour d'un casse-noisette et d'un pic argentés avaient peiné pour extraire de la coque six morceaux intacts pour les offrir à sa petite-fille.

« Merci, ce sont mes préférées. » J'en ai mis une dans ma bouche.

On aurait dit que quelqu'un avait soudainement ouvert un commutateur. La chaîne stéréo a fredonné « Winter Wonderland ». Les paillettes se sont répandues sur les boules de polystyrène, le sucre à glacer sur les biscuits. Et mon frère s'est dirigé en trombe vers la porte, ses patins sur l'épaule: « Est-ce que quelqu'un veut venir avec moi au parc? »

Lors de cette journée tragique, il est étrange que toutes les décorations et ornements aux couleurs vives des Fêtes n'aient pu réussir à ramener la joie de Noël autant qu'une banale brosse en soie dans les mains de ma tante. Certes, je n'ai jamais oublié Blackie. Mais quelques jours plus tard, un nouveau chien colley se couchait en boule près de moi sur le tapis oriental.

Margaret Lang

Une tranche de vie

Jane a poussé un autre soupir fatigué de la vie. Repoussant une mèche de brillants cheveux noirs derrière son oreille, elle a froncé les sourcils devant la tour chancelante de cartes de Noël attendant d'être signées. À quoi bon? Comment pouvait-elle signer seulement un nom? C'était la moitié d'un couple, pas un complet.

La séparation légale d'avec Don lui avait laissé un sentiment de vide et d'inachèvement. Elle pourrait peut-être laisser tomber les cartes cette année. Et les décorations des Fêtes. À la vérité, même un arbre semblait une tâche trop grande pour elle. Elle avait annulé la fête de chants de Noël et la représentation de la Nativité à l'église. Après tout, Noël était censé être partagé, et elle n'avait personne avec qui le partager.

La sonnerie incessante de la porte l'a surprise. Avançant à pas feutrés sur le plancher dans ses bas épais, Jane a entrouvert la porte dans la nuit glaciale de décembre. Elle a scruté d'un air interrogateur l'obscurité vide. Au lieu d'un visage amical – ce qui aurait été bienvenu en ce moment – elle a seulement découvert un coquet sac à cadeau vert perché sur la rampe du porche. *De qui provenait-il,* s'est-elle demandé, *et pourquoi?*

Sous la lumière brillante de la cuisine, elle a retiré des quantités de guirlandes de Noël dorées déchiquetées, palpant pour trouver le cadeau. Mais ses doigts ont plutôt dégagé une enveloppe du fond du sac. Insérée à l'intérieur, il y avait une lettre tapée à la machine. Non, c'était une... histoire?

Le petit garçon était nouveau dans l'orphelinat surpeuplé, et Noël approchait, a lu Jane. Prise dans l'histoire, elle s'est installée sur une chaise de la cuisine.

De la bouche des autres enfants, il a entendu des histoires d'un merveilleux arbre qui apparaîtrait dans le hall la veille de Noël. Des tonnes de chandelles qui illumineraient ses branches. Du mystérieux bienfaiteur qui le rendait possible chaque année.

Les yeux du petit garçon se sont ouverts tout grand à cette simple pensée. Les seuls arbres de Noël qu'il avait vus étaient ceux à travers les fenêtres embuées des maisons d'autres gens. Il y avait même plus, insistaient les enfants. Plus? Oh, oui! Au lieu de la nourriture normale de l'orphelinat composée de gruau, on servirait un ragoût odorant et du pain chaud croustillant en cette soirée spéciale.

Finalement et le meilleur de tout, le petit garçon a appris que chacun d'eux recevrait une gâterie des Fêtes. Il se joindrait à la file d'enfants pour obtenir sa propre...

Jane a tourné la page. Au lieu d'une suite, elle a été étonnée de lire: « Tout le monde a besoin de célébrer Noël, n'êtes-vous pas d'accord? Surveillez la partie II. »

Elle a replié le papier comme elle esquissait un léger sourire.

Le soir suivant, Jane s'est dépêchée de revenir à la maison après le travail. Si elle se hâtait, elle aurait probablement assez de temps pour décorer le manteau de cheminée du foyer. Elle a sorti la boîte de guirlandes, mais l'a laissée tomber pour courir vers la porte lorsque la sonnette a retenti. Cette fois-ci, elle a ouvert un sac rouge.

... *pour obtenir sa propre orange,* a lu Jane. Une orange? C'est une gâterie?

Une orange! Pour lui tout seul? Oui, l'ont assuré les autres. Une pour chaque enfant. Le garçon a fermé les yeux devant cette chose si merveilleuse. Un arbre. Des chandelles. Un repas rassasiant. Et – finalement et le meilleur de tout – une orange pour lui seul.

Il en connaissait l'odeur, savoureusement sucrée, mais seulement l'odeur. Il les avait humées au marché dans le kiosque du marchand de fruits. Une fois, il avait même osé frotter un doigt sur la peau brillante, grêlée. Il avait imaginé pendant des jours que sa main sentait toujours l'orange. Mais en goûter une, en manger une?

L'histoire se terminait abruptement, et pourtant, Jane ne s'en inquiétait pas. Elle savait qu'il y en aurait d'autres.

Le soir suivant, sa pile de cartes de Noël non adressées diminuait lorsque la sonnette a retenti. Jane n'a pas été déçue. Cependant, le sac gaufré de couleur dorée était plus lourd que les autres. Elle a déchiré l'enveloppe déposée sur le dessus du papier de soie.

La veille de Noël était tout – et plus – que ce que les enfants avaient promis. L'odeur résineuse du sapin rivalisait avec l'arôme du ragoût d'agneau et du pain maison à la levure. Des tonnes de chandelles éclairaient la pièce de halos dorés. À la toute fin de la file, le garçon timide observait, émerveillé, chaque enfant réclamant tour à tour avec empressement une orange et répondant poliment « Merci ».

La file avançait rapidement, et il s'est retrouvé en face de l'arbre imposant et du tout aussi imposant maître de la maison. « Dommage, jeune homme, dommage. Le dénombrement des enfants a été fait avant votre arrivée. Il semble qu'il n'y a plus d'oranges. L'année prochaine. Oui, l'année prochaine, vous recevrez une orange. » Le cœur brisé, l'orphelin aux mains vides a gravi l'escalier en courant pour enfouir à la fois son visage et ses larmes dans son oreiller.

Attendez! Ce n'est pas ainsi qu'elle voulait que l'histoire se passe. Jane ressentait la douleur du garçon, sa solitude.

Le garçon a senti une douce petite tape sur son dos. Il a essayé d'arrêter ses sanglots. La petite tape s'est faite plus insistante jusqu'à ce que, finalement, il retire sa tête de sous l'oreiller. Il l'a sentie avant de la voir. Une serviette de table en tissu était posée sur le matelas. Enveloppée à l'intérieur, il y avait une orange pelée, savoureusement sucrée. Elle était composée de quartiers mis de côté – le meilleur de tout – par les autres. Un quartier donné par chacun de ses nouveaux amis. Ensemble, les quartiers formaient un fruit entier, complet.

Une orange pour lui seul.

Jane a essuyé les larmes coulant sur ses joues. Du fond du sac à cadeau, elle a retiré une orange – une orange en chocolat couverte de papier d'aluminium – déjà séparée en quartiers. Et pour la première fois en des semaines, elle a souri. Vraiment souri.

Elle a entrepris de faire des copies de l'histoire, tout en séparant et enveloppant individuellement des quartiers de l'orange en chocolat. Après tout, elle avait des visites à faire. Il y avait Mme Potter de l'autre côté de la rue, qui passait son premier Noël seule en cinquante-huit ans. Il y avait Melanie plus bas sur la rue, affrontant sa deuxième série de traitements de radiothérapie. Sa partenaire de jogging, Janine, mère de famille monoparentale avec un ado difficile. Le solitaire M. Bradford qui perdait la vue, et Sue, seule pour s'occuper de sa mère vieillissante…

Peut-être, juste peut-être, qu'une partie d'elle pourrait aider à former un seul tout.

Carol McAdoo Rehme

Scellé par un baiser

Noël est un temps merveilleux pour partager une gâterie préférée avec un ami. Faites-en trois recettes et offrez-les avec un sourire.

Baisers du père Noël

3/4 de tasse [175 ml] de sucre

1 tasse [250 gr] de beurre ramolli

2 tasses [500 ml] de farine tamisée

1 tasse [250 ml] de pacanes hachées finement

1 sac de 8 onces [250 gr] de chocolat en papillotes

sucre à glacer pour saupoudrer

Brassez ensemble le sucre et le beurre jusqu'à ce que le mélange soit onctueux. Incorporez la farine; puis les noix. Enveloppez la pâte d'une pellicule de plastique et réfrigérez au moins 30 minutes.

Enlevez le papier des chocolats en papillotes. Recouvrez entièrement chaque chocolat avec suffisamment de pâte pour en faire une boule de 2,5 centimètres. Déposez les morceaux sur une plaque à biscuits non graissée et faites cuire au four pendant 12 minutes à 350 °F [175 °C] jusqu'à ce qu'ils soient légèrement fermes.

Saupoudrez, à l'aide d'un tamis, le dessus des biscuits de sucre à glacer pendant qu'ils sont encore chauds. Cela donne deux douzaines et demie de biscuits.

Une touche supplémentaire de gentillesse: Présentez vos biscuits dans des boîtes métalliques décorées, sur des plateaux des Fêtes, dans des paniers recouverts d'une serviette de table en tissu, ou dans des bols en céramique aux couleurs joyeuses.

LA RECONNAISSANCE

Imprégné
de reconnaissance

Vous pouvez le faire rapidement: branchez la bouilloire électrique avec une portion d'eau et faites infuser un sachet de thé.

Vous pouvez le faire simplement: faites réchauffer une grande tasse en grès de thé préinfusé dans le four à micro-ondes.

Vous pouvez le faire sur la route: arrêtez-vous au prochain comptoir de service au volant, passez une commande rapide, et payez au guichet.

Si vous voulez une tasse de thé, vous pouvez procéder de l'une ou l'autre de ces façons, et cela vous est probablement déjà arrivé. Mais à quel prix? Peut-être vous vous êtes privé du plaisir du geste en lui-même.

En prenant le temps de *planifier* la préparation d'une tasse de thé convenable, vous vous accordez une *pause* dans la routine de la vie quotidienne pour vous élever à un niveau supérieur. Sortez votre théière préférée – usagée et cuivrée, ou bombée et patinée, peut-être très ventrue et aux oreilles de Dumbo – et remplissez-la d'eau fraîche. Attendez que retentisse son sifflement.

Et en attendant, arrêtez-vous aux détails.

Vous découvrirez peut-être que la *préparation* du plateau de thé procure en soi un *plaisir* particulier. Rassemblez ces articles spéciaux qui font plaisir à coup sûr: une serviette de table fantaisiste, la théière ébréchée en porcelaine délicate de votre grand-mère, un service original comprenant une soucoupe et une tasse dépareillées, et une toute petite cuillère en argent. Ajoutez votre sélection personnelle de cubes de sucre, de miel de trèfle, de crème épaisse ou de tranches de citron dentelées.

Puis choisissez votre saveur préférée de feuilles de thé en vrac. Laquelle choisir aujourd'hui? Oolong traditionnel? Cannelle ou sauge? Jasmin exotique, airelle ou réglisse? Ou pourquoi pas une saveur évoquant Noël, peut-être pomme-cannelle, menthe poivrée ou orange-tangerine?

Et tendez l'oreille vers la bouilloire. D'abord, vous entendez un ronronnement et un chuintement. Ensuite, un gargouillement retentissant. Juste avant que la bouilloire n'éclate en un long chant, sifflant pour capter votre attention.

Servez votre thé avec la *cérémonie* qu'il mérite. Versez un peu d'eau bouillante dans la théière de grand-maman, videz-la et ajoutez ces feuilles savoureuses. Remplissez d'eau bouillante. Couvrez. Amenez à faible ébullition sur feu doux. Laissez infuser. Laissez les volutes odorantes de vapeur s'échappant du bec verseur éveiller et chatouiller vos sens. Inhalez, profondément.

L'esprit se calme, les muscles se détendent...

Et lorsque vous avez attendu aussi longtemps qu'il vous était possible, versez-vous-en une tasse. Jusqu'au bord.

Faites tourbillonner le citron ou incorporez une bonne cuillère de crème.

Versez un filet de miel ou agitez un carré de sucre. Un morceau? Deux?

Maintenant, offrez-vous la *sérénité* de *savourer* le breuvage exquis. Orientez votre visage de manière à recevoir les derniers rayons du soleil hivernal. Ou chauffez-vous les orteils devant un bon feu. Soufflez sur la vapeur pour la disperser… et prenez une gorgée pour goûter. Puis une autre. Puis une autre. *Ahhhhhh*. Laissez cette chaleur s'infiltrer dans vos membres, détendre votre ventre et apaiser votre âme.

Une tasse de thé infusé à la maison. Simple et satisfaisante. Peut-être d'autant plus grâce à la pensée, au rituel et à la répétition qui ont créé l'expérience elle-même.

Comme l'infusion du thé, la reconnaissance est un art à développer, une vertu qu'il vaut la peine de pratiquer.

À quand remonte la dernière fois où vous avez réfléchi à l'abondance de la vie? Ressenti de la reconnaissance pour les petites choses? La première neige de décembre, un édredon chaud par une nuit d'hiver, un siège libre dans l'autobus alors que vous étiez chargé des emplettes des Fêtes. Ou compté vos plus grandes bénédictions? Un emploi sûr, des adolescents qui se conduisent bien, et l'indulgence d'un compagnon de vie.

Ensuite, pensez à tous ceux qui ont touché votre vie. Quelqu'un a-t-il apaisé une souffrance? Rempli un vide? Peut-être avez-vous profité d'un geste gentil ou d'un acte de compassion. Quand vous étiez déchiré, quelqu'un vous a-t-il pacifié? Quand vous étiez fatigué, quelqu'un vous a-t-il porté? Quand vous étiez abattu, quelqu'un vous a-t-il remonté le moral?

Et, par-dessus tout, vous êtes-vous souvenu d'exprimer votre reconnaissance?

Il n'est jamais trop tard pour exprimer votre gratitude aux autres.

Vous *pourriez* le faire de façon rapide, simple, pressée. Ou vous pouvez vous offrir l'expérience exquise d'exprimer votre reconnaissance jusqu'à ce que la répétition elle-même devienne un rituel aussi naturel et régulier que d'infuser du thé.

Faites une pause et planifiez votre geste: comment pouvez-vous le mieux vous montrer reconnaissant pour une faveur reçue pleine de délicatesse? Que pouvez-vous faire pour insuffler la joie?

Prenez plaisir dans la préparation de votre geste: donnez de vous-même, de votre temps, de vos émotions, de votre énergie. Ne précipitez jamais un geste de reconnaissance. Savourez le processus.

Manifestez votre reconnaissance avec un peu de cérémonie: servez-vous de votre plus beau papier à lettres et d'une plume à pointe fine, ou cueillez les plus beaux boutons de votre précieux rosier.

En élevant la reconnaissance au rang d'une valeur, vous pourriez découvrir que votre propre cœur se réchauffe par la même occasion. Alors, infusez une tasse gratifiante de reconnaissance et *savourez la sérénité* pleinement… une petite gorgée à la fois.

Un mot au père Noël

Comme l'avait promis le présentateur de la météo, la température grimpe à trente-sept degrés Celsius au milieu de l'après-midi. Je ne perds pas de temps à récupérer le courrier de notre boîte aux lettres.

« Wow! le taux d'humidité doit atteindre cent deux pour cent. » Je m'affale sur une chaise de la cuisine.

« Tu peux le dire! » Mon mari est d'accord avec moi. Il s'assoit, les deux mains autour d'un grand verre de thé glacé, encore couvert de sueur après avoir tondu la pelouse.

« On est seulement en juillet. N'es-tu pas un peu trop en avance, père Noël? » que je le taquine.

« Parles-tu de mon nez et de mes joues rouges? » Il tortille ses épais sourcils. « Je prends juste une longueur d'avance sur Noël cette année. »

Chaque mois de décembre, mon bon vieux père Noël jovial ravit des centaines d'enfants – de tous les âges. Où qu'il apparaisse, dans les écoles ou dans les défilés, il répand sa marque spéciale d'amour et de gentillesse de père Noël.

« Quelque chose d'important? » Il pointe le courrier sur la table.

Étalant la pile en éventail, je lui tends une revue agricole, un bulletin sur la conservation du sol et de l'eau, et le compte d'électricité courant. Vers la fin de la pile, je m'arrête pour examiner une petite enveloppe blanche.

« Tu ne vas pas le croire. » Je tourne la lettre vers Alan. « Elle est adressée au père Noël. »

« Eh bien, peut-être que je ne suis pas si tôt que ça après tout », dit-il avec un petit rire. Mais au lieu d'une liste de souhaits, il retire une carte décorée à la main. « Merci » est gribouillé sur le dessus. Ses yeux s'embuent quelque peu.

« Tu te rappelles ces petits garçons, Mme Noël? » Il me tend la carte.

Oh! oui, je me rappelle.

Chaque année, j'aide le père Noël à faire des « livraisons spéciales » – pour des organismes, des groupes confessionnels ou même des individus philanthropes – à des familles monoparentales, aux nouveaux veufs ou veuves, aux récemment divorcés, aux sans-emploi et à ceux dont les revenus suffisent à peine aux besoins essentiels. Ces livraisons anonymes du père Noël signifient plus que des cadeaux sous leurs arbres ou des victuailles sur leurs tables: ces livraisons expriment l'amour et la sollicitude.

Et cette carte provient de l'un de ces parents célibataires.

Un mois avant Noël dernier, cette jeune mère s'est retrouvée seule pour subvenir aux besoins de ses jumeaux de sept ans. Lorsqu'elle a fui sa situation de vio-

lence conjugale, elle a été forcée de laisser derrière elle la plupart de leurs effets personnels, incluant les vélos de ses fils. Selon un conseiller bienveillant du « refuge sécuritaire », la mère en détresse appréhendait d'expliquer à ses fils que le père Noël ne pourrait leur apporter de nouveaux vélos cette année. Elle avait accepté toute l'aide qu'elle jugeait être en droit de recevoir et n'en demanderait pas plus. Sans compter que des vélos représentaient un luxe.

Ses amis n'étaient pas d'accord.

Grâce à eux, le père Noël et Mme Noël ont livré à la mère reconnaissante toute une commande d'épicerie, des cadeaux joliment emballés, et deux nouveaux vélos. Des visages identiques, aux yeux bleus et aux nez recouverts de taches de rousseur, se sont animés de sourires d'un kilomètre de large, telles des citrouilles illuminées, alors qu'ils jetaient un œil furtif de derrière sa jupe.

« Oh, mon Dieu… nous ne pouvons… qui êtes-vous? » a-t-elle bégayé.

« Le père Noël, bien sûr! Et voici Mme Noël », a rugi mon mari en décochant un clin d'œil aux garçons. « Vous avez fait une liste très spéciale cette année, et nous voulions vous effectuer la livraison plus tôt. »

Le père Noël s'apprêtait à quitter, son *Ho! ho! ho!* résonnant encore sur le porche, quand une petite voix excitée nous est parvenue: « Maman, je t'avais dit que le père Noël nous trouverait, même si nous devons nous cacher de papa. »

Ouvrant la carte qui ravivait mes souvenirs, j'ai lu à haute voix au père Noël. « J'ai pris sept longs mois pour trouver le moyen de vous rejoindre. J'étais tellement surprise le matin où vous êtes venu que je ne suis pas cer-

taine d'avoir pensé vous remercier. Vous nous avez aidés à déclencher le processus de guérison et nous avez redonné la foi et l'espoir. »

Deux frimousses souriantes identiques suivaient la signature de la mère au bas de la carte.

Leurs sourires ressemblaient aux nôtres.

Pamela Bumpus

D'une mère à une autre

Je suis assise parmi les spectateurs avec les autres parents, le regard rayonnant dirigé vers nos enfants gagnant leurs places l'un après l'autre. Les cheveux noirs et la peau terre de Sienne de mes petits dessinent des points d'exclamation parmi les autres anges pastel composant la chorale du spectacle.

La choriste lève le bras et le pianiste entame sa partition avec l'abaissement de la main marquant le temps fort. Certains enfants l'imitent – un peu tôt. Dans leur ferveur de chérubins, leurs mots se répandent: « Je suis un enfant de Dieu… »

Oh, comme je souhaiterais que vous voyiez ceci toutes les deux. Ils sont parfaits. Juste parfaits.

J'envoie souvent ce message silencieux aux mères naturelles de mes enfants. Comme j'aimerais pouvoir les réconforter et les rassurer, partager avec elles la joie indicible que leurs bébés ont apportée dans ma vie. J'aimerais tant pouvoir leur dire que leurs chers trésors sont magnifiques et intelligents, en santé et forts.

« … et Il m'a envoyé ici… » Je peux presque distinguer la voix douce de Shyloh dans le chœur.

Juste l'autre jour, elle m'a demandé: « Maman, pourquoi mes cheveux sont-ils noirs et pas les tiens? »

La réponse m'est venue facilement. « Pour que tu sois magnifique, Shyloh, tout comme ta mère en Chine. » Et comme une vraie tigresse, elle s'est éloignée en bondissant, souriant de satisfaction.

J'espère que vous trouvez la paix dans votre décision de partager cette fille heureuse avec moi.

« ... m'a donné une maison sur terre, avec des parents gentils et chéris... » Je capte le regard de ma fille du Samoa, Whitney, dont les cheveux sont comme une cape lustrée jetée en travers de ses épaules, et dont la voix domine celles de tous les anges. Elle chante de tout son jeune cœur.

Elle s'adapte, mama. Je souris à travers mes yeux brûlants. *Votre fille s'adapte finalement à nous. Tout comme le petit Luke.*

Mes larmes de reconnaissance coulent et tombent pour bénir la tête ensommeillée de l'heureux petit frère de Whitney, endormi sur mes genoux.

Quels sacrifices ces femmes ont faits pour leurs enfants, leurs choix difficiles n'ayant été rendus possibles que grâce à leur puissant amour maternel qui a transcendé tout le reste. Et quelle joie leurs décisions continuent d'apporter dans ma vie.

Qui que vous soyez, où que vous soyez, et quelles que soient les circonstances que vous avez connues, j'espère que votre intuition vous apporte le calme et vous dit que tout va bien.

D'une mère à une autre, je souhaiterais pouvoir les entourer de mes bras en cette période des Fêtes – ces

mères naturelles désintéressées – et les assurer de ma reconnaissance pour ces magnifiques enfants qui sont les nôtres. Plus que tout, je souhaiterais savoir *comment* leur exprimer la reconnaissance de mon cœur.

« ... Je suis un enfant de Dieu, et mes besoins sont si grands... » Leurs voix angéliques implorent et inondent l'auditorium et atteignent les profondeurs de ma conscience.

Et – avec une soudaine et profonde conviction – je *sais* comment, de la seule manière qui a du sens: je continuerai à aimer et à chérir leurs petits trésors de tout mon être.

Voilà une façon digne de les remercier.

Annette Seaver

Par temps froid, des tamales chauds

« C'est ma faute. » Carl Fenter a resserré son veston contre lui pour se protéger de l'anormale morsure du vent froid matinal. « Le reste de la famille est à la maison, où il fait chaud. »

Juste une autre de ses brillantes idées – une grosse fête avec des tamales [des tortillas farcies recouvertes de feuilles de maïs] après le service de la veille de Noël ce soir à l'église – et voyez où cela l'a mené : attendre dans une file de cinquante personnes.

Qui aurait deviné que tous les magasins de tamales de la ville seraient en rupture de stock la veille de Noël? Mais c'était bien le cas, comme Carl l'avait découvert. Il avait passé El Paso au peigne fin ce matin-là. Déterminé à rapporter des tamales à la maison, Carl a essayé une dernière *tienda* [*magasin* en espagnol], un endroit renommé à Canutillo.

Lorsqu'il y est arrivé, une fournée fraîche de tamales dans le cuiseur à vapeur serait prête dans quarante-cinq minutes. Prenant sa place à la fin de la ligne sinueuse de

chercheurs de tamales, il a vu que la femme devant lui enlevait sa veste pour l'envelopper autour des épaules de son jeune enfant qui frissonnait. Peu après, le corps de la mère était lui aussi agité de frissons dans le vent glacial. Après seulement un moment d'hésitation, Carl a retiré son propre veston et l'a offert à la mère reconnaissante.

Ensemble, ils se sont réjouis de voir enfin la file avancer lentement, et des gens souriants qui quittaient le magasin en apportant des sacs fumants. Carl a fini par entrer à l'intérieur, se rapprochant de plus en plus du comptoir, la femme étant maintenant la première dans la file.

« Désolé, tout le monde, a annoncé le commis, c'étaient les derniers tamales. »

« Pas question! » a grogné Carl, avec tout le monde aligné derrière lui.

« Mais, a souligné l'homme au comptoir, nous aurons une dernière fournée dans, euh, environ deux heures. »

D'un air défait, Carl a reculé, mais la jeune mère a attrapé son bras.

« Vous partez? »

« Je dois m'en aller », a dit Carl en jetant un coup d'œil à sa montre. « J'ai promis de poser des *luminarias* [lanternes traditionnelles mexicaines de Noël, consistant en des chandelles insérées dans du sable dans des sacs de papier] à mon église. »

« Je vais prendre votre commande de tamales et vous les apporterai chez vous. »

Le front de Carl s'est plissé. « Je ne saurais vous demander de faire une telle chose. »

« Mais c'est le moins que je puisse faire. Vous m'avez prêté votre manteau. » Son sourire l'a emporté sur les objections de l'homme. « Vous n'avez qu'à me donner votre adresse. » La femme et sa petite fille se sont installées pour la longue attente.

Et à midi exactement, la veille de Noël, elles ont livré quatre douzaines d'odorants tamales – en même temps que le veston brun de Carl – chez lui.

Ellen Fenter
Soumis par Pat Phillips

Un morceau d'elles-mêmes

Certains voient un groupe fort de vingt-trois femmes. D'autres voient un groupe de vingt-trois femmes fortes. Chacun voit que leurs doigts remuent presque aussi rapidement que leurs lèvres.

Going to Pieces, la guilde de courtepointe de Fort Drum, une base militaire dans l'État de New York, s'y consacre une fois de plus : leur partie de plaisir mensuelle de couture. C'est un moment que chaque femme attend avec impatience. Un moment pour partager des patrons et des banalités. Un moment pour échanger des idées et de l'intimité. Un temps pour rassembler les carrés de la courtepointe – et les vies.

Plusieurs de leurs maris étant déployés au Moyen-Orient, les femmes recherchent un soulagement dans cette rencontre régulière. Puisant des forces dans le nombre, elles apprennent à mettre l'accent sur la vie plutôt que sur la perte, sur la joie plutôt que sur la solitude, et sur la victoire plutôt que sur la défaite. Elles façonnent en partie cette intimité en racontant des histoires – pour la plupart au sujet de leurs enfants. Elles rient des dernières pitreries du tout-petit, frémissent devant

l'angoisse existentielle d'un adolescent, roulent des yeux en apprenant les dernières nouvelles au sujet des engouements et des modes des jeunes. Et le récit et le partage les lient en une sorte de famille militaire élargie.

Même lorsque le sombre nuage de la guerre plane au-dessus d'elles, elles choisissent de se rencontrer et de bavarder ensemble – particulièrement à l'approche des Fêtes.

Mais ce soir, l'atmosphère est sombre.

Quelque chose manque de toute évidence: il n'y a aucun décor de Noël en vue. Pas de bonhommes de neige avec des boutons en guise d'yeux, pas de houx garni de perles, ni d'appliques de soldats souriants Casse-Noisette disposées en arc. Pas de flocons de neige des Fêtes, ni de bonhommes en pain d'épice, ni d'imprimés d'anges sur les tables.

Il n'y a pas non plus de bavardage à bâtons rompus sur de vieux succès de la chanson. Aucune de ces femmes ne présente de nouveaux patrons, ne montre une courte-pointe qu'elle a récemment complétée, ni ne suggère de travailler sur un échantillon.

Ce soir, un profond respect enveloppe la pièce. Plutôt que de créer des carrés individuels à rassembler, elles savent que cette courtepointe particulière exige bien plus – une touche personnelle de chacune d'elles pour compléter le tout. Le projet qu'elles ont choisi se fait l'écho de ce lointain ailleurs toujours si proche dans leur esprit: l'Iraq.

Les morceaux qu'elles ont coupés avec une telle préci-sion proviennent des vêtements d'un jeune homme. Ses vêtements de camouflage couleur sable du désert – tenues de corvée et uniformes de combat qui ne seront plus jamais portés, plus jamais nécessaires. Le gabarit

qu'elles ont choisi est le Lover's Knot [Le nœud de l'amour] – le patron qu'elles considèrent comme symbolisant le mieux le sens de la courtepointe, aussi bien que leurs propres sentiments. Les morceaux de tissu seront assemblés tel un casse-tête complexe.

Et les femmes souhaiteraient pouvoir assembler aussi facilement les morceaux de leur compassion, de leur douleur muette, de leur chagrin empathique.

Chaque petit coup de ciseaux et chaque point sont effectués en sachant que cette courtepointe ira à l'une des leurs. La famille du soldat, oh-si-jeune, qui a payé l'ultime sacrifice pour son pays.

Lorsque les souvenirs s'estomperont, – jusqu'à ce qu'il ne subsiste plus qu'une sensation, un goût, une odeur pour lui rappeler le papa qu'il ne connaîtra jamais – cette courtepointe enveloppera un enfant solitaire.

Lorsque l'ombre de la nuit se refermera sur elle – pour lui rappeler son mari dont la mort a laissé un trou aux bords ébréchés dans le tissu de sa vie – cette courtepointe emmitouflera une veuve en pleurs.

Avec cet objectif à l'esprit, ces femmes stoïques retiennent leurs propres larmes pour couper et assembler, ouater et piquer. Et lorsque leur travail sera complété, elles légueront la courtepointe avec amour plutôt qu'avec faste… avec gratitude plutôt qu'avec cérémonie.

Pourquoi?

Parce que, plus que toutes les autres, ces sœurs endeuillées comprennent le sacrifice demandé, et c'est ainsi qu'elles choisissent d'exprimer leur reconnaissance.

Carol McAdoo Rehme

Anges et angoisse existentielle

Une autre ennuyeuse réunion paroissiale. J'ai étouffé mon troisième bâillement. Le vieux schnock était *encore* en train de débiter son discours rasant sur l'importance de la participation à l'église. Le même sermon habituel, la même vieille rengaine. Comme je remplaçais ma mère, la secrétaire du groupe, c'est moi qui prenais les notes. Mais j'avais autre chose à faire. Des trucs importants de fille de seize ans. Je gribouillais en bordure du carnet de notes.

Plongée dans mes rêvasseries, j'ai presque manqué le beau jeune homme qui était entré en retard et qui s'était assis devant moi. Repoussant une mèche de cheveux derrière mon oreille, je me suis redressée sur ma chaise et j'ai haussé les sourcils, paraissant soudainement intéressée par pépé, mais regardant à la dérobée M. Mignon quand il a levé la main et pris la parole.

Je lui ai lancé mon sourire le plus intelligent.

« Je crois que plus de jeunes devraient enseigner dans nos écoles du dimanche, disait-il. Ne croyez-vous pas ? »

Je hochai la tête, signifiant mon entière approbation.

Il a continué : « Ce serait une bonne manière pour les jeunes de sentir qu'ils font partie de l'église. Tout ce dont nous avons besoin, ce sont des bénévoles. »

Soudain, sans même m'en rendre compte, ma main a été la première à se lever. J'espérais qu'il le remarque. Une classe du dimanche de deuxième année m'a été assignée. Sur-le-champ.

Oups !

Tous les dimanches, pendant des mois interminables, j'ai renoncé à dormir tard pour accomplir mon « mandat » avec un groupe exubérant de jeunes de sept ans. *Mandat*, avais-je décidé, était synonyme de *purger une peine*.

Bâclant la préparation des leçons, j'ai enseigné à *ma* manière. J'ai fait circuler les enfants autour de la pièce en émettant des sons de trompette imaginaire jusqu'à ce que les murs de Jéricho s'écroulent – heureusement, juste avant mon propre écroulement. Je distribuais de minuscules étoiles dorées à ceux qui avaient mémorisé des versets de la Bible. Je célébrais les anniversaires en comptant un sou par année à donner aux pauvres. Mais, la plupart du temps, j'étais prise de maux de tête devant leur enthousiasme débridé et leurs interprétations dissonantes de « Jesus Loves Me ».

Les semaines avançaient laborieusement, et moi aussi.

« Mlle Whitley, a demandé le pasteur, voudriez-vous diriger le programme de Noël cette année ? »

Je le ferai, ai-je consenti. Ce sera mon sacrifice ultime. Puis – avec fermeté – je partirai. Je remettrai ma démission. Je serai hors d'ici.

Le samedi matin, les mères ont déposé des anges, des Rois mages, des bergers et des ânes. La répétition géné-

rale s'est plutôt mal déroulée. La fillette qui jouait le rôle de l'âne a reçu un éclat de bois dans un genou, un ange a pleuré sur un halo brisé, et les bergers ont déclenché une bagarre impie. J'ai avalé deux aspirines de plus et j'ai crié des instructions dans la pièce bruyante.

Ce soir-là, j'avais l'estomac noué. Des coulisses, je l'ai remarqué… *lui*… le bel homme, dans la première rangée. Et j'ai… très délibérément… tiré la langue. Il ne m'a pas vue – mais le pasteur, oui.

Dès l'instant où le rideau s'est ouvert, mes petits de sept ans se sont magiquement transformés. Les bergers, leurs têtes enveloppées dans des serviettes de ratine, se tenaient droits comme des piquets. Marie et Joseph se sont agenouillés; les anges ont apporté leurs messages; les Rois mages ont adoré le Messie; les ânes… eh bien, *tout* ne pouvait être parfait.

Sauf, peut-être leurs voix.

« Oooh nui-uit de paix », chantaient les petits.

« Sain-ain-te nuit », leurs douces voix flottaient et remplissaient la pièce.

« Tout repo-ose en paix… » Balayant la scène du regard, j'ai fait un signe d'assentiment de la tête. Tout *était* paisible. Et parfait.

Tout comme eux.

À la fin du spectacle, j'ai cru que la boule gigantesque dans ma gorge pourrait me défigurer pour la vie. Mais, hé, je finirais bien par en venir à bout.

« Mlle Whitley! Mlle Whitley! » Matthew tenait sa couronne de travers d'une main et une boîte à chaussures de l'autre. « Ma maman et mon papa sont venus me voir! *Tous les deux!* »

« Tous les deux ? » me suis-je émerveillée. Je savais qu'un voisin emmenait chaque semaine le petit Matthew esseulé à l'école du dimanche. Ses parents divorcés n'avaient pas le temps.

« Mlle Whitley », dit-il en tirant sur mon bras pour attirer mon attention, « est-ce que je peux être encore dans votre classe l'année prochaine ? »

Ahhh, quel adorable petit garçon.

Et j'ai accepté. Sur-le-champ.

« Et, euh… Mlle Whitley… merci. » Il m'a tendu la boîte à chaussures. « Pour vous. » Il a couru rejoindre ses parents pendant que je levais le couvercle.

Oups !

Mais même en fixant l'affreux cadeau à l'intérieur – toutes les sauterelles ne sont-elles pas affreuses ? – j'ai reconnu l'amour dans la reconnaissance d'un petit garçon.

Quelqu'un s'est approché de moi et a murmuré : « Dieu vous bénisse, Mlle Whitley, et merci. »

J'ai levé les yeux vers M. Mignon et lui ai lancé un sourire idiot.

« Merci à *vous* », ai-je dit. Et je le pensais.

Sharon Whitley Larsen

C'est dans la poste

Prenez quelques moments calmes pour vous rappeler les gens qui ont eu une influence sur votre vie. Pensez à votre premier patron, à votre dernier camarade de chambre, à certains entraîneurs des petites ligues et au concierge de votre école secondaire. Accordez quelques pensées à vos leaders religieux, à vos meilleurs amis, à vos proches voisins, à des éboueurs fiables, à des tantes âgées, à vos enseignants de musique, à vos professeurs d'université et à vos anciens camarades de classe. Faites preuve d'audace, trouvez quelque chose d'original.

Ensuite, choisissez quatre personnes – une par semaine – à remercier durant le mois de décembre.

Sous chacun de leurs noms, faites une liste de la façon dont elles ont influencé votre vie. Ont-elles changé votre parcours? Ont-elles été un bon exemple? Vous ont-elles aidé pendant une période difficile?

Maintenant, envoyez des mots de reconnaissance écrits à la main – de longs mots. Soyez précis. Dites-leur en quoi elles ont été importantes et, par-dessus tout, n'oubliez pas de leur dire « Merci ».

LA FOI

Progrès à pas de géant

Vous l'avez déjà entendue; nous l'avons tous entendue. Il y a même fort à parier que vous l'avez déjà dite, cette affirmation, à un moment ou à un autre: « Voir, c'est croire. »

Dans le film *Super Noël*, l'elfe Judy l'exprime d'une façon différente: « Voir n'est pas croire; croire, c'est voir. »

Et, bien sûr, la Bible répète le thème dans une perfection poétique célèbre: « La foi est la garantie des choses que l'on espère, la preuve des réalités qu'on ne voit pas », (épître aux Hébreux, 11,1).

C'est la foi qui alimente le monde. Légère, mais tenace. Universelle, mais personnelle. Facile et, parfois, éprouvante. Intégrer cette valeur dans notre vie nous pousse vers un ordre plus grand, vers un ordre divin.

Définie comme le fait de « croire » et d'« avoir confiance », la foi est – par-dessus tout – une action, un geste que nous pratiquons presque à chaque moment de notre vie. Notre croyance ou notre confiance est instinctive au plan humain le plus fondamental. D'un point de vue profane, nous fondons chaque jour notre vie sur la foi – de la magnificence à l'ordinaire – en faisant confiance à la bonté du genre humain, au principe de gravité, au diagnostic des médecins, même aux descriptions dans une encyclopédie.

Sur un plan plus spirituel, la foi signifie prendre des risques. Et là où c'est le plus évident, c'est lorsque nous observons un enfant. N'importe quel enfant. Parce que c'est là où la foi brille le plus – dans le cœur d'un enfant.

Comme celui de Diane.

Après s'être livrés à des combats aquatiques amicaux, avoir exhibé leurs prouesses sous-marines d'équilibre sur les mains et joué au requin, les enfants étaient excités que leur papa leur offre de les emmener à l'autre extrémité de la piscine. À cet endroit, l'eau était tellement profonde que même papa ne pouvait toucher le fond.

« Essayons le tremplin », les a-t-il fortement invités.

Kent, âgé de huit ans, a monté prestement dans l'échelle, a couru toute la longueur de la planche et est tombé sur le ventre avec un plouf qui a même surpris papa. Diane attendait pendant que sa plus jeune sœur grimpait à l'échelle et, avec seulement un peu de persuasion, a fait des pas hésitants jusqu'à l'extrémité du tremplin. Wanda a fait un bond timide, a lancé ses bras vers le haut en un abandon complet et s'est pratiquement jetée dans les bras ouverts de papa.

« C'est ton tour, ma chérie. »

Diane a compté les cinq marches de l'échelle. Deux fois. Une fois pour monter – et une autre fois pour descendre.

« N'aie pas peur », a crié papa.

Même si ses genoux tremblaient, Diane a réussi à gravir l'échelle, finalement. Elle a avancé avec hésitation le long du tremplin et a replié solidement ses orteils sur l'extrémité de la planche. Mouillée et frissonnante, les lèvres tremblantes, les dents claquantes, elle a regardé en bas, encore en bas... en bas, là où papa faisait du surplace.

« Je vais t'attraper », l'a rassurée papa.

Et Diane a eu confiance. Elle a sauté. Juste dans les bras de son papa.

Parfois, il est nécessaire de mettre notre âme au défi d'aller plus loin que ce qui est confortable, plus loin – à certains moments – que ce qu'il nous est possible de voir. C'est de cette façon que nous pratiquons la foi; nous créons à vrai dire encore plus de foi – une foi plus solide – en faisant confiance. À papa. À nous-même. À Dieu. Et faire confiance, c'est, bien sûr, triompher.

Et les ritournelles en ce sens abondent, nous rappelant de bâtir notre foi:

Gardez la foi.

Nourrissez votre foi.

Ayez la foi.

La foi soulève les montagnes.

À mesure que nous pratiquons notre foi, notre vie se renforce. Nous musclons notre foi. Et il devient progressivement plus facile d'exercer sa confiance et de croire. Pour réaliser des rêves, atteindre des objectifs et satisfaire des ambitions.

Jusqu'à ce que, quelque part au cours du voyage, nous apprenions qu'une foi inconditionnelle constitue notre passeport vers la joie.

Tout le monde aime le père Noël

Lors d'une certaine période des Fêtes, j'ai aidé le père Noël en le remplaçant dans un petit centre commercial. Au lieu de l'habituelle file d'enfants, j'ai apprécié les visites spontanées des tout-petits apportant des listes de jouets, aussi bien que les occasionnelles visites surprises des adolescents et des adultes.

Une brillante, heureuse et volubile petite de trois ans et demi s'est assise sur mes genoux, me posant des questions et répondant aux miennes. Finalement, me regardant dans les yeux, elle m'a dit: « Je pensais que vous étiez faux. Vous êtes vrai! » Ses doutes disparus, je suis certain qu'elle a passé un Noël magique.

Deux jeunes garçons de quinze ans ont accouru, m'ont serré dans leurs bras avec amour et m'ont demandé en souriant: « Allez-vous nous apporter chacun une motocyclette? » Après un bref bavardage, ils se sont éloignés en riant.

Un jeune père a payé le lutin photographe pour une seule photographie: « Je n'ai pas la garde de mes enfants, a-t-il expliqué, et je veux leur montrer une photo de vous

et moi nous serrant la main. » Il a reçu la photo terminée, a articulé silencieusement « merci » et est reparti.

Trois adolescentes se sont approchées en sautillant et en tournoyant. En riant, l'une d'entre elles a dit pour taquiner: « Je veux une voiture sport. »

La deuxième a renchéri: « Je veux un manoir. »

La dernière fille a murmuré à mon oreille: « Je veux du travail pour mon père. »

Et pendant qu'elles s'éloignaient, ses amies ont cherché à savoir: « Qu'est-ce que tu as demandé? »

« C'est entre moi et le père Noël », a-t-elle répondu en poussant un soupir.

La gorge du père Noël substitut s'est serrée, et il a essuyé ses yeux avec son mouchoir. Je crois vraiment que le père de cette fille a trouvé un emploi parce que, voyez-vous, ce soir-là, le père Noël a prié pour que cela arrive.

Robert H. Bickmeyer

Présence justifiée

Chaque cadeau avait été emballé; chaque recette, préparée; et toutes les décorations, accrochées. J'avais vu à tous les détails; je savais que rien ne m'avait échappé. Et maintenant, avec trois enfants fébriles bordés enfin dans leurs lits, je me suis laissée choir dans mon fauteuil inclinable préféré – satisfaite – pour contempler notre arbre illuminé et parfait.

J'ai admiré les joyeux colis disposés soigneusement en dessous. Grâce à ma planification précoce et à un petit surplus d'argent cette année, Noël serait merveilleux. J'avais hâte de voir le visage de mes enfants le matin suivant alors qu'ils déchireraient les emballages et ouvriraient leurs cadeaux, découvrant tous ces nouveaux vêtements et ces jouets extraordinaires que j'avais achetés pour eux.

J'ai procédé à l'inventaire mental des trésors enveloppés dans chaque paquet: une veste des Cowboys de Dallas pour Brandon, le château Fisher Price pour Jared, la maison de poupée victorienne pour Brittany…

Me prélassant dans la lueur des lumières étincelantes et dans mes propres pensées, j'ai à peine remarqué Jared

qui entrait furtivement dans la pièce. Ma réaction normale aurait été de me lever d'un bond et de le presser de retourner au lit. Avec une curiosité langoureuse cette fois-ci, j'ai choisi de demeurer immobile et d'observer, espérant qu'il ne remarquerait pas ma présence.

Je n'ai pas eu à m'en inquiéter.

Jared était un bambin de cinq ans investi d'une mission. Le sapin scintillant illuminait son petit visage alors qu'il s'avançait droit vers la crèche sous l'arbre. Se laissant tomber sur ses genoux, il a tendu un papier et murmuré: « Tu vois, Jésus, j'ai fait ce dessin pour toi. »

Ne voulant pas manquer un mot, j'ai retenu mon souffle et je me suis penchée vers l'avant.

« À gauche, c'est moi. » Le doigt de Jared a tracé un chemin à travers la page. « À droite, c'est toi. » Il a pointé. « Au milieu, c'est mon cœur. » Il a souri gentiment. « Je te le donne. »

Avec tendresse, Jared a déposé le dessin sous l'arbre.

« Joyeux Noël, Jésus », a-t-il dit, et il a filé à toute allure vers son lit.

Ma gorge s'est serrée, et mes yeux se sont remplis d'eau. Toutes les décorations scintillantes et tous les emballages brillants dans la pièce sont devenus soudainement ternes comparés à l'innocent dessin au crayon de Jared. Il a fallu le présent d'amour de mon petit enfant pour me rappeler que seul Jésus pouvait rendre Noël merveilleux cette année. Et c'est ce qu'il fait toujours.

Vickie Ryan Koehler

Devenons vrais

Pendant des années et des années, notre famille a célébré Noël avec un arbre artificiel. La tradition a commencé durant les années 1970 alors que nous vivions en Australie et que c'était *chaud comme ce n'est pas possible* durant le mois de décembre. Pendant que les Australiens se couvraient d'une épaisse crème de zinc et se faisaient bronzer sur la plage, notre famille tenait obstinément à ses coutumes américaines, insistant pour un souper de Noël traditionnel à table et, bien sûr, un arbre qui avait l'air vrai.

Malheureusement, la chaleur était trop extrême pour un sapin, et ceux qui s'en procuraient un le regrettaient rapidement. Craignant un étalage de branches nues ne rappelant pas trop les Fêtes ou, pire encore, un incendie dans la maison, nous avons opté pour un artificiel. En plastique blanc, pour être exact.

« Il a l'air moche », se sont plaints mes enfants.

Et même si nous avons essayé de le garnir de décorations faites à la main ou importées, il n'a en quelque sorte jamais été à la hauteur. Pourtant, année après année, nous avons empilé nos cadeaux sous le faux arbre – ne

remarquant jamais que, avec le temps, il était lentement devenu jaune.

Notre première période de Noël de retour en Amérique a été exaltante. Dallas, au Texas, n'a jamais été décrit comme un Noël-au-Vermont, mais les possibilités existaient de tous côtés. Les pépinières de Plano jusqu'à Waco présentaient un pays des merveilles hivernales débordant de pins d'Écosse touffus et floconneux. Au crépuscule, des kiosques le long de la route, annoncés par une simple rangée de lumières qui se balançaient, invitaient les voyageurs à s'arrêter et à acheter dans une forêt de sapins. Et les supermarchés dans toute la ville faisaient leur part en offrant à leurs clients une variété d'épinettes et de cèdres.

Encore une fois, nous avons envisagé la possibilité d'acheter un *vrai* arbre. Ayant abandonné notre tradition de plastique blanc devant la porte d'un ami quand nous avons quitté l'Australie, nos enfants nourrissaient des espoirs élevés que l'Amérique pourrait réaliser tous leurs rêves. Mais, finalement, les rêves ont cédé la place au budget, et nous avons rapporté à la maison une autre imitation à prix modique.

« Au moins, celui-là est vert, leur ai-je dit, et en plus nous épargnerons le coût répété de l'achat d'un arbre fraîchement coupé chaque Noël. »

Donc, pendant les quinze années qui ont suivi, nous avons empilé nos cadeaux sous les branches d'un pin manufacturé – ne remarquant même jamais que, avec le temps, il avait lentement perdu sa beauté.

Cette année, cependant, quelque chose de magique s'est produit. C'est arrivé un soir alors que je m'approchais des portes électroniques de notre épicerie de quartier. Du coin de l'œil, j'ai regardé subrepticement un

arbre de Noël naturel, beau à couper le souffle, appuyé près de l'entrée. Il était dressé là parmi tous les autres, et pourtant à l'écart. J'ai fait un détour pour le contempler une seconde fois.

Le grand sapin qui avait attiré mon attention mesurait trois mètres de haut. C'était en effet un arbre altier, et j'ai fait courir mes doigts sur les aiguilles, surprise de leur douceur.

Hmmmm, c'est peut-être pour cette raison que les enfants aiment les vrais arbres à Noël, ai-je pensé, humant l'odeur boisée dans l'air.

Un commis travaillait à l'extrémité opposée, humidifiant lentement les arbres tout en s'approchant dans ma direction. Mais je n'étais pas pressée, j'ai donc attendu. Lorsqu'il m'a vue en train d'admirer le sapin, il a crié: « Hé, voilà un arbre extraordinaire pour accrocher des décorations! »

J'ai acquiescé en agitant la main et en reculant pour prendre ma décision finale. À ce moment précis, un chant de Noël préenregistré s'est fait entendre des haut-parleurs, dans la nuit. Les clients passaient pressés – certains sortant, d'autres entrant – plus ou moins conscients de la musique majestueuse qui remplissait l'air. Et les mots se sont répandus dans le parc de stationnement affairé, « No-ël, No-ël, No-ël, No-ël. Le roi d'Israël est né », accompagnés d'un carillonneur de l'Armée du Salut, juste à l'extérieur de la porte.

Debout dans l'ombre de ce noble sapin, j'ai su que c'était l'année où je devais acheter un *vrai* sapin. Pour aucune autre raison que le fait qu'il s'agissait d'une *vraie* histoire racontée, d'un *vrai* message chanté, et d'une *vraie* occasion de célébrer.

Alors cette année, pour vraiment la toute première fois, notre famille empilera tous ses cadeaux de Noël sous un sapin noble et imposant – ne remarquant même pas que, avec le temps, nous devenons lentement des croyants, de nouveau.

Charlotte A. Lanham

Ho! Ho! espoir

Dans les années 1960, fuir une nouvelle vie de divorcée en Californie et m'installer dans la sécurité du Canada constituait une décision importante – une décision à laquelle j'ai dû réfléchir pendant au moins... cinq minutes.

Attachant une remorque cabossée à ma vieille Chevy, j'ai rassemblé mes cinq jeunes enfants et pris la route vers des territoires inconnus. En même temps que ma progéniture, j'ai emporté la valeur d'un mois de loyer, les poches pleines de rêves, un certain espoir pour notre avenir, et un cœur rempli de foi.

Vulnérable et exténuée après le long trajet, j'ai ralenti ma caravane bringuebalante lorsque j'ai aperçu le panneau de signalisation devant moi. Avec cinq têtes ébouriffées remuant dans les fenêtres, le douanier très surpris nous a regardés bouche bée.

Ma petite de sept ans lui a lancé son sourire le plus insolent. Un jumeau de six ans semblait craintif et regardait avec des yeux écarquillés l'homme imposant qui portait un revolver sur sa hanche; l'autre le fixait d'un air méfiant. Mes bébés de deux et trois ans babillaient pour

attirer son attention, et l'intéresser à leurs voitures jouets et à leurs animaux en peluche.

De toute évidence, nous avions pris le douanier déconcerté... *au dépourvu.*

M'avertissant que j'étais mieux d'avoir un emploi (j'en avais un) et me menaçant de déportation immédiate si j'essayais de retirer de l'aide sociale, il nous a fait signe de passer.

Peu après notre installation dans un petit appartement, ma vieille voiture a rendu son dernier soupir. J'ai trouvé une gardienne pour les enfants et j'ai commencé à faire de l'auto-stop pour me rendre au travail, mais comme j'étais parfois en retard, j'ai perdu mon emploi. Mon dernier chèque a servi à payer un autre mois de loyer, et il ne restait rien pour la nourriture. Comme Noël approchait, le désespoir assombrissait chaque minute de la journée et dérangeait même mon sommeil.

Tout comme les inquiétudes des enfants.

« Est-ce que le père Noël est *vrai*, maman? »

« Est-ce qu'il va nous trouver, maman? »

« Est-ce que tu crois en lui, maman? »

Avec un soin minutieux, j'ai expliqué que le père Noël ignorait où nous étions déménagés et qu'il nous raterait cette année, mais que nous étions ensemble, et que nous devrions nous arranger... et chanter des chants de Noël... et essayer de fabriquer des cadeaux et... que... tout ira bien.

Donc, même sans arbre, nous avons collé des guirlandes de papier coloré et suspendu du maïs soufflé pour donner un air de fête à notre appartement et stimuler notre gaieté.

Mais la journée avant Noël, mon désespoir a atteint un nouvel abîme: nous n'avions rien dans le garde-manger pour le souper. À contrecœur, je me suis adressée à notre voisin pour lui demander d'emprunter une boîte ou deux de soupe en conserve afin de nourrir mes enfants. Après un « non » sec, on m'a claqué la porte au nez.

L'humiliation et la honte étaient mes nouvelles compagnes. Et, pour la première fois de ma vie, j'ai ressenti une peur totale, une détresse profonde, une impuissance absolue.

La veille de Noël, j'ai attiré près de moi mes petits – les garçons sur mes genoux, les filles nichées à mes côtés. Dans notre pièce pauvrement décorée, nous avons raconté des histoires, joué à des jeux et chanté des chants de Noël. Je souriais à mes petits chéris, mais dans mon for intérieur, je pleurais. Et je priais, encore et encore.

S'il vous plaît, mon Dieu, oh! je vous en prie, mon Dieu, envoyez-nous de l'aide.

Un coup soudain et retentissant à la porte nous a tous surpris.

« Ho! Ho! Ho! » Une voix joviale accompagnait le toc-toc bruyant.

Et là, à notre porte, se tenait le vieil homme enjoué lui-même!

Avec un sac rempli derrière son dos et trois joyeux lutins à ses côtés, le père Noël a fait naître l'excitation de Noël dans notre petite maison. Il est venu en apportant toutes sortes de merveilleux cadeaux, quelque chose de spécial pour chaque enfant. En plus, un assortiment de jouets, de jeux et de livres – même un cadeau pour moi – sont apparus des profondeurs de son vaste sac! Un

souper de Noël (courtoisie du Service d'incendie de Vancouver) était aussi inclus: de la dinde et tous les accompagnements, assez pour durer plusieurs jours.

Riant et pleurant, j'ai regardé autour dans la pièce remplie de joie, contemplant les visages satisfaits du père Noël et de ses aides, et le joyeux abandon de ma petite famille.

« Maman, maman, il est vrai! ont-ils crié en chœur. Le père Noël nous a trouvés! »

Oui, il nous avait effectivement trouvés... en réponse à ma prière. Et c'est ainsi que je suis devenue croyante.

Angela Hall

Absent de la mangeoire

« Ça y est, c'est la dernière. » Michael a empilé la dernière boîte dans mon hall d'entrée.

J'ai regardé avec anticipation les contenants déchirés et poussiéreux. Pour moi, ces décorations de Noël issues de l'enfance de Michael, et entreposées depuis la mort de sa mère, signifiaient le symbole de notre avenir en tant que couple. Nous partagions toutes sortes d'activités des Fêtes – réceptions, emplettes et, maintenant, décorations. Dans quelques mois, nous serions mariés, et j'étais désireuse de créer nos propres traditions. J'aspirais à l'instauration de pratiques significatives, uniques à nous deux.

Pour débuter, c'était l'ouverture des caisses.

« Hé! c'est notre ancienne crèche. » Michael a retiré une boîte bien emballée. « Maman la plaçait toujours sous l'arbre de Noël. »

J'ai déballé avec précaution Marie et Joseph, ainsi que la mangeoire. Bien emballée dans du papier journal, il y avait une étable. Je l'ai déposée sur le plancher sous l'arbre et j'ai disposé trois Rois mages, un berger, un âne et un bœuf. Tout était là, sauf…

J'ai vérifié de nouveau le colis déballé et j'ai regardé sous le tas de journaux, espérant trouver le personnage manquant. Rien.

« Mon chéri », ai-je crié à Michael, qui était affairé à arranger l'atelier de jouets du père Noël dans la salle à dîner. « Je ne trouve pas Jésus. »

S'approchant de moi, il a serré mon épaule en plaisantant. « Excuse-moi? »

« L'enfant Jésus pour la crèche. Il n'est pas là! » J'ai fouillé d'autres papiers d'emballage.

L'expression de Michael s'est tendue. « Il est là. Il doit être là. Il était là le dernier Noël où maman vivait. »

Des heures plus tard, toutes les boîtes étaient déballées, mais pas l'ombre d'un petit Jésus. Michael a suggéré à regret que nous remballions la crèche dans la caisse.

« Non, ai-je dit. Je trouverai demain un bébé assorti à l'ensemble. »

Nous nous sommes embrassés, et Michael est reparti chez lui.

Le jour suivant, j'ai mis la mangeoire dans mon sac à main et me suis rendue à la boutique d'artisanat et de bricolage durant mon heure de lunch. Il n'y avait pas de Jésus là. Après le travail, je l'ai cherché dans plusieurs autres magasins, pour finir par découvrir que bébé Jésus *n'était pas vendu séparément*. J'ai envisagé d'acheter une autre crèche pour simplement remplacer le Jésus dans celle de Michael, mais aucun des bébés ne correspondait à la taille de la mangeoire.

Michael est venu souper quelques jours plus tard, et je lui ai annoncé la nouvelle. Après notre repas, j'ai com-

mencé à remballer les figurines dans leur boîte. Michael m'a immobilisé les mains avec les siennes.

« Je pense que nous devrions laisser tout ça là. »

« Mon chéri, c'est impossible. Il n'y a pas de bébé, ai-je répondu. Nous ne pouvons avoir une crèche sans Jésus. »

« Attends une minute. » Michael m'a éloignée de l'arbre. « Maintenant, regarde de ce point de vue. »

Il a pointé du doigt. « Au premier coup d'œil, tu ne remarques rien qui manque. Ce n'est que lorsque tu regardes de plus près que tu vois que le Christ enfant est absent. »

J'ai penché la tête et j'ai regardé la scène. Il avait raison. « Mais je ne comprends pas où tu veux en venir. »

« Au milieu des décorations, des listes d'emplettes et des réceptions, nous perdons parfois Jésus de vue, a-t-il expliqué. D'une certaine façon, il est perdu au milieu de la fête de Noël. »

Et alors j'ai compris.

Notre première tradition de Noël a donc commencé ainsi – significative et unique à notre famille. Chaque année, nous disposons les précieux personnages à leur place habituelle. La mangeoire demeure vide. C'est notre doux rappel de chercher le Christ à Noël.

Stephanie Welcher Thompson

L'arbre familial

« Les fils de M. Zimmerman reviennent à la maison pour s'occuper de la ferme. »

La conversation des adultes autour de la table m'inquiétait. À sept ans, j'étais assez grande pour comprendre ce que cela voulait dire: mon père et mon frère ne travailleraient plus pour le fermier allemand, et la chose s'épelait *désastre*.

La Grande Dépression avait frappé notre communauté rurale de l'Idaho, et l'argent était rare ce Noël-là. La plus grande partie du revenu que M. Zimmerman remettait à Père était échangée contre de la nourriture et un lieu où habiter. Cet endroit. La seule maison que j'avais jamais connue. La maison que j'aimais.

La maison de ferme de deux étages avait une grande chambre à coucher en haut. Cette chambre donnait sur un balcon surplombant la cour arrière et mon chêne préféré. Durant le printemps et l'été, une brise chaude et douce soufflait à travers la pièce, et Jimmy, Eddie, Iris et moi y jouions pendant des heures.

Maintenant, c'était trop froid. Nous avions fermé l'étage pour tout, sauf pour dormir. La plus grande partie

de notre vie en hiver se passait en bas près de la chaleur du foyer, ou dans la cuisine où maman cuisinait toujours des pains à la levure et des tartes odorantes.

J'étais assise sur le plancher, jouant avec Harley qui apprenait à ramper, lorsque ma mère est revenue de la pompe et a déposé le seau sur le grand poêle à bois. L'eau se répandait sur le dessus du poêle chaud, grésillant et remplissant l'air de vapeur.

« Mère, est-ce que nous devrons vraiment partir d'ici? » Ma question était brusque. C'était la préoccupation première dans mon esprit.

Elle a baissé les yeux vers moi, la sympathie et la compréhension étaient gravées sur son bon visage. « Oui, Carol, nous devrons partir. »

J'ai froncé les sourcils. « Mais qu'est-ce qui va arriver avec Noël? »

« Ce seront les dernières Fêtes que nous célébrerons dans cette maison. » Mère verbalisait ma peur la plus sombre.

« Et un arbre? Aurons-nous un arbre? »

« Mon enfant, nous n'avons pas les moyens d'avoir un arbre cette année. »

Mais je ne pouvais pas – je ne voulais pas – accepter sa réponse calme. D'une manière ou d'une autre, nous *devions* avoir un arbre pour notre dernier Noël en famille dans cette vieille maison de ferme merveilleuse.

Cette nuit-là, j'ai prié pendant un très, très long moment.

Le matin suivant, je suis descendue à toute vitesse, m'attendant assurément à voir la réponse à mes prières, mais il n'y avait pas d'arbre. J'ai mis mon chandail chaud

et mes mitaines, et je me suis dirigée vers les toilettes extérieures. Alors que l'air froid me frappait le visage, je suis devenue encore plus déterminée.

Lorsque Père est parti pour marcher les sept kilomètres vers la ville, j'ai décidé d'attendre à l'extérieur jusqu'à son retour – même si cela devait prendre toute la journée. Je me suis installée sous mon chêne favori sur le sol dur et froid, certaine qu'il rapporterait un arbre à la maison.

Il me semblait que j'étais assise depuis des heures lorsque j'ai senti le sol commencer à vibrer et que j'ai entendu un grondement sourd et distant qui s'intensifiait. J'ai sauté sur mes pieds et j'ai couru vers la clôture. Un énorme camion – rempli d'arbres de Noël – se dirigeait vers la ville pour les livrer. Mon cœur battait la chamade comme le véhicule passait à côté de notre maison.

Et alors, comme si une main les lançait depuis le ciel, deux larges branches ont volé du camion et rebondi dans notre cour avant. Mes prières avaient été exaucées. Mon arbre était arrivé!

J'ai couru à l'intérieur et, trébuchant sur mes mots, j'ai bafouillé à Mère combien je voulais avoir un arbre pour notre dernier Noël ici, et combien j'avais prié fort pour que cela arrive, et combien j'avais espéré que Père nous en apporte un à la maison, et combien je *savais* tout simplement que nous en aurions un à temps pour Noël, et maintenant… et *maintenant*!

Mère m'a pris la main et a marché avec moi à l'extérieur où Iris, Jimmy et Eddie se tenaient bouche bée devant le miracle dans notre cour. Elle a souri et nous a réunis en une étreinte. « Et dire, les enfants, que c'est la foi de Carol qui nous a apporté notre arbre. »

Nous avons attaché ensemble les branches touffues, puis nous les avons décorées avec des bouts de papier peint et des guirlandes de maïs soufflé. J'ai admiré l'arbre dressé dans notre grosse maison de ferme et je savais que c'était l'arbre le plus magnifique que j'avais jamais vu.

Cette année-là, j'ai aussi reçu la seule poupée que j'aurais jamais comme enfant. Mais mon plus grand cadeau avait été de découvrir que – avec la foi – les miracles surviennent.

Carol Keim
Tel que raconté à Tamara Chilla (sa fille)
Soumis par Laure Linares (sa nièce)

Créer globalement

Vous espérez un Noël blanc? Pourquoi ne pas créer une scène d'hiver sortie tout droit de votre imagination en fabriquant un globe de neige des Fêtes?

Le matériel dont vous aurez besoin:

- N'importe quel petit pot propre (confitures, piments, olives, aliments pour bébés, etc.);

- Des figurines miniatures (synthétiques, en plastique ou en céramique) disponibles dans des magasins d'artisanat et de bricolage, des boutiques de fournitures de pâtisserie, ou des boutiques de modèles de trains;

- De la résine époxyde transparente au séchage;

- De l'eau distillée;

- De la glycérine (achetée dans n'importe quelle pharmacie);

- Des paillettes scintillantes.

Comment le réaliser:

- Poncez l'intérieur du couvercle du pot avec une lime émeri ou du papier abrasif.

- Collez les figurines à l'intérieur du couvercle avec de la résine époxyde et laissez sécher.

- Remplissez le pot presque à ras bord avec de l'eau distillée.

- Ajoutez une pincée ou deux de paillettes pour la « neige ».

- Versez un filet de glycérine (pour ralentir la chute des paillettes).

- Vissez le couvercle fermement et scellez-le avec de la résine époxyde.

Maintenant, retournez le pot à l'envers, et – laissez la neige tomber!

L'ÉMERVEILLEMENT

Au pays des merveilles

Le véritable chemin vers Noël, dit-on, se trouve de l'autre côté d'un portail ancien.

Et, d'après les sages, ce portail est de la taille d'un enfant, et le mot de passe secret est un soupir d'enfant. Un soupir d'émerveillement.

Venez, prenez ma main. Penchez-vous bien bas et glissez-vous sous la tonnelle pour entrevoir l'opulence de Mère Nature: dans le luxuriant silence de Noël dans les Rocheuses… où les pignons s'étalent, où les pins ponderosa sommeillent et les pins à cône épineux se blottissent dans une camaraderie tranquille. Où les épinettes – trop vertes pour être noires mais trop noires pour être vertes – arpentent le périmètre de la clairière de la forêt comme des pères en attente. Où les ombres cobalt flottent, mystérieuses et attirantes, derrière les pins souples alors que le vent de l'hiver souffle des signes annonciateurs de miracles.

La blancheur tourbillonnante nous accueille et scintille sous les vastes cieux de l'hiver, parsemés d'étoiles avec la promesse de chasser l'obscurité. Chaque flocon tel un pétale complexe devient une nourriture pour les pensées décousues et la fantaisie; rassemblés, ils forment une courtepointe duveteuse qui nous enveloppe d'une douce attente.

Au-dessus de cette scène, un éclat divin couronne le ciel nocturne, transperce d'un rayon de lune enivrant les monticules de neige, puis, satisfait, se pare avec complaisance dans le miroir d'un lac de montagne cristallin. Et, au même moment, des astres stellaires captent cette image immaculée en une série de moments figés – un album de souvenirs à chérir.

Même alors qu'il érode la chaleur de nos jours, l'hiver nous abreuve de gestes tendres – si nous les recherchons. Ainsi que l'a déjà dit Henry David Thoreau: « L'important n'est pas ce que l'on regarde, mais plutôt ce que l'on voit. »

Que choisissons-nous de voir en hiver? Des vérandas glacées, des trottoirs couverts de neige fondue, une entrée à pelleter? Ou notre vision est-elle remplie de « natures mortes » qui attirent l'œil et de paysages à vous couper le souffle?

Comment laissons-nous l'émerveillement tisser son chemin dans nos pensées? Comment le convainquons-nous de remplacer l'indifférence, le détachement et l'apathie?

C'est simple. Observez un petit enfant. Passez du temps avec un enfant. Prenez la main d'un enfant dans la vôtre, franchissez le portail légendaire… et soyez témoin du miracle de la découverte et des possibilités infinies.

Un enfant voit une patinoire sur chaque véranda glacée.

Un enfant voit des possibilités de flaques amusantes sur chaque trottoir couvert de neige fondue.

Un enfant voit des anges de neige à créer, des forts de neige à bâtir, des balles de neige à façonner et des bonhommes de neige à construire dans chaque entrée enneigée.

Les enfants sont des chercheurs d'excitation. Ils sont attirés par la surprise, l'étonnement, l'admiration et la stupéfaction. Un souffle léger d'espérance tourbillonne autour d'eux comme du chocolat chaud. Ils espèrent. Ils s'émerveillent. Ils partagent une conviction profonde que les miracles se produisent. Ils vivent avec cette plus grande faculté d'émerveillement. Ils attirent notre attention sur la beauté, les occasions et les expériences que nous pourrions manquer autrement.

Et en cette période de Noël, peut-être plus que toute autre, nous pouvons nous imprégner de l'innocence de la jeunesse. Nous pouvons voir Noël – et le monde – à travers des yeux différents. Nous pouvons chercher ce trésor qu'il vaut la peine de préserver. Nous pouvons nous abandonner à l'émerveillement et le répéter jusqu'à ce qu'il chante dans nos veines.

Et nous pouvons y arriver en retrouvant un regard d'enfant. Rappelez-vous ce poème ancien : « En arrière, retourne en arrière, ô Temps, dans ton vol ; fais que je redevienne un enfant juste pour ce soir » (Elizabeth Akers Allen). Prenez ces mots à cœur.

Laissez-vous surprendre. Ne soyez pas réticent à exprimer de l'admiration ou à vous exclamer de plaisir. Montrez de l'enthousiasme. Pratiquez la joie. Semez l'entrain. Plus que tout, cherchez la magie et espérez des miracles ce Noël. Vous les trouverez sur les ailes légères de l'émerveillement… juste de l'autre côté du portail de jardin.

Une place d'honneur

« Un colis pour vous, madame. »

Le facteur a laissé une simple boîte. Elle ne portait ni inscription, ni indice quant au contenu. Notre désir irrésistible de secouer la boîte n'a produit qu'un léger mouvement du contenu. Coupant soigneusement autour du couvercle, nous l'avons enlevé et avons jeté un œil à l'intérieur.

D'un air interrogateur, mon mari a lentement déballé six personnages joufflus et les a déposés debout sur la table. En les voyant, je n'ai pu m'empêcher d'esquisser un large sourire. De petits yeux noirs, paraissant légèrement myopes et strabiques, nous fixaient sous des mèches de cheveux en acrylique. Sans changement visible dans leur expression respective, ces personnages se tenaient là, en silence, attendant notre inspection et notre approbation.

Quelques mois plus tôt, j'avais mentionné à notre fille Kaye Lynn mon désir d'avoir un ensemble de figurines pour la crèche à l'épreuve des enfants afin d'en faire profiter nos petits-enfants. Je voulais avoir l'esprit tran-

quille quand les petits doigts curieux ressentiraient le besoin d'en tenir ou d'en examiner une.

Je pensais aussi que leur propre collection privée les distrairait du superbe ensemble de crèche que je comptais me procurer. Je rêvais d'un arrangement somptueux en céramique ou en porcelaine, peut-être même en cristal, qui occuperait une place d'honneur dans notre maison – un endroit où Marie et Joseph pourraient montrer leur précieux bébé sans être dérangés. Chaque morceau serait disposé parmi des ondulations de tissu de lamé doré, la brillante lueur des lumières soigneusement dirigées se réfléchissant sur les surfaces polies.

En examinant chaque petit invité, mon mari et moi avons ri. C'était le groupe d'adorateurs le plus drôle que j'aurais jamais imaginé! Ils avaient été fabriqués avec un sens de l'humour délirant, tout en conservant un côté pratique. Par exemple, contrairement à la tradition populaire, une Marie blonde portait du vichy impeccable rose et blanc – facile à laver, frais dans un climat du désert et ultraféminin. Joseph, de son côté, paraissait bien élégant dans son tissu écossais brun – idéal pour voyager sur les routes poussiéreuses de la Judée. Ses cheveux auburn flottants et sa barbe lui conféraient un air sophistiqué.

J'imaginais un soupir de soulagement audible alors que nous déployions les ailes de feutre blanc de l'ange qui avaient été repliées étroitement contre son corps. Ses yeux brodés étaient fermés, soit en signe de vénération, soit qu'il était fatigué de sa nuit affairée à proclamer la merveilleuse nouvelle. Et bébé Jésus dormait au milieu de tout cela, un petit paquet de huit centimètres emmailloté dans du feutre bleu, collé sur un tas de copeaux d'emballage traditionnel.

Il n'y avait pas de bergers. Nul doute qu'ils étaient partis tôt, désireux de répandre la joyeuse nouvelle; de plus, ils devaient s'occuper de leur troupeau de brebis. Drapés de tissu de peluche, trois Rois mages portaient des chapeaux argentés identiques. Ils n'étaient pas agenouillés en position d'adoration; leur petit corps grassouillet n'était pas conçu pour cela.

Le cadeau inattendu est devenu une possession précieuse.

Nos petits-enfants adorent ces petits personnages. Chaque poupée a été étreinte et embrassée et emportée pour des promenades à travers la maison. Des secrets ont été murmurés, et des sentiments blessés ont été guéris pendant qu'ils se berçaient ensemble.

Bébé Jésus a profité de beaucoup de siestes tranquilles sous le canapé, dans un tiroir ou sur un lit quelconque. Joseph ne se plaint jamais quand ses longs cheveux sont brossés et tressés, séparés et coiffés en queue de cheval, alors que des petites filles pratiquent leurs talents de coiffeuse. Nous avons ri quand l'un des petits-enfants a surnommé récemment les Rois mages « ces trois vieux bonhommes en bonnets de douche ».

Les poupées survivent remarquablement bien à toute cette affection. Leurs bras de fil métallique adoptaient d'étonnantes positions, mais ils sont encore flexibles. La paille en copeaux d'emballage a séché et s'est cassée, mais une poignée de fil de couleur pâle fait très bien l'affaire – bébé Jésus a bien dormi pendant l'opération de recollage. À ce rythme, l'ensemble sera en bonne condition pour nos arrière-petits-enfants.

Et mon désir ardent d'une crèche impressionnante se calmait. Notre fille Barbara avait installé la sienne sur le dessus du piano lorsqu'elle et sa famille vivaient avec

nous – du lamé doré, des lumières brillantes et tout le reste. Quand elle est déménagée, non seulement a-t-elle emporté ses figurines de porcelaine, mais cinq petits-enfants et le piano sont partis en même temps.

Il ne nous restait plus que nos petites poupées rembourrées, et c'était bien ainsi.

Récemment, le service de livraison nous a laissé une autre boîte de carton brun. Elle était énorme et bien trop imposante pour que nous puissions la secouer. Comme c'était excitant d'enlever les mètres d'emballage, les boîtes contenues dans d'autres boîtes avec de la bourre de film à bulles et de ouate de coton partout.

Cette fois, nous avons déballé des personnages de céramique: moutons et bergers, bœuf et âne, chameaux et Rois mages (certains *sont* agenouillés), et la Sainte Famille. Kaye Lynn les a tous peints à la main, et ils sont magnifiques.

Maintenant, je dois réfléchir à l'endroit où je peux le mieux exposer le décor et les personnages de ma nouvelle crèche. Je veux qu'ils représentent la paix de cette période des Fêtes et la richesse de son message – mais avec un peu de style. Et je veux aussi qu'ils soient protégés des petits doigts curieux. Quel endroit désignerai-je comme la « place d'honneur »?

Après réflexion, peut-être que cet endroit a déjà été choisi.

Existe-t-il un endroit plus adorable que les bras potelés d'un enfant? Le lamé doré brille-t-il autant que les yeux d'un bambin lorsqu'il chante à son « bébé » – même s'il s'agit d'un Roi mage? Les projecteurs et le cristal peuvent-ils se comparer à la lumière d'un Noël brillant dans le visage de l'innocence, alors qu'une petite-fille et Marie

partagent un moment de profonde discussion sur les habiletés parentales?

Ces premières petites poupées joufflues avec leurs faux cheveux et leur vue défaillante se trouvaient à la place d'honneur tout ce temps, et je ne m'en suis jamais rendu compte.

Maintenant, si je peux seulement me rappeler d'acheter du nouveau feutre blanc pour remplacer les ailes de l'ange!

Mary Kerr Danielson

Le chanteur de Noël solitaire

Le parc de stationnement du garage du centre commercial était tellement bondé que j'ai dû tourner en rond et en rond et parcourir de haut en bas plusieurs niveaux avant de trouver une place. Bien sûr, j'aurais dû m'y attendre. Après tout, c'était la semaine avant Noël dans le centre commercial le plus affairé du comté.

J'ai bondi hors de la voiture, tenant bien serrés ma liste d'emplettes d'une main et mon sac à main de l'autre. Des freins qui crissaient, des klaxons qui avertissaient, des clients qui criaient, des coffres arrières que l'on refermait bruyamment, des moteurs que l'on faisait vrombir, de la musique beuglant à travers les haut-parleurs – quelle clameur! Je pouvais difficilement me concentrer. Et j'avais certainement besoin d'avoir les idées claires pour planifier ma folle ruée d'un magasin à l'autre. Donc beaucoup à faire et si peu de temps pour y arriver.

Comme je me précipitais vers l'ascenseur du garage, je ne sais comment, à travers tout ce bruit, j'ai entendu un étrange *chrrr, chrrr*. C'était presque rythmé. Mais d'où provenait donc ce son?

Levant les yeux, j'ai aperçu un trou dans le mur du garage. Niché à l'intérieur, il y avait un petit oiseau brun, de la forme d'une mésange à tête noire, mais dont la couleur ressemblait plutôt à celle d'un moineau. En fait, contrastant avec tout le rouge, le vert et le doré des Fêtes, l'oiseau était absolument terne et ordinaire. À regarder, oui, mais pas à écouter. La minuscule créature chantait à tue-tête.

Chrrr, chrrr...

Là, parmi les bruits discordants des voitures et des gens qui filaient à toute vitesse, je me suis rendu compte que l'oiseau répondait à la musique diffusée par le haut-parleur. Un chant de Noël? Eh bien, oui – « Sainte nuit ».

Même si j'étais très près de lui maintenant, il n'a pas essayé de s'envoler, mais a continué à déverser son cœur avec un total abandon. Sur une tonalité et un rythme parfaits, il syncopait chaque mesure de la mélodie à trois-quatre, entrant seulement dans les deux derniers temps. Comme en « Sain- (*chrrr, chrrr*), te nuit (*chrrr, chrrr*), ô nuit- (*chrrr, chrrr*), de paix (*chrrr, chrrr*). » Presque un rythme calypso.

Je ne reconnaissais pas son espèce. De nombreuses sortes d'oiseaux viennent passer l'hiver ici en Californie du Sud, et je ne suis pas une « spécialiste des oiseaux ». Mais dans le parc de stationnement comble du garage ce jour-là, il prenait seul le temps de se réjouir et de glorifier le sens de la période des Fêtes.

Alors je suis arrêtée et je me suis jointe à lui.

Il ne semblait pas se préoccuper des voitures qui passaient à toute vitesse près de nous, ni du fait que ma voix était cassée, faible et fausse. Jamais ce « l'astre luit...

tout repose en paix » n'avait semblé tant mal à propos ; ce n'était ni la nuit ni le silence.

Ce n'est que lorsque le chant s'est terminé que nous nous sommes hâtés, tous les deux, de retourner à nos tâches respectives. Mais alors que je me dirigeais vers le centre commercial rempli à craquer, j'avais, moi aussi, des ailes. Et un sourire rayonnant. « Le Sauveur de la terre est né. » Alléluia !

Bonnie Compton Hanson

Le toucher parfait

Il restait quatre jours avant Noël, et la ville était calme, comme si le vieux bonhomme hiver avait oublié la neige que tout le monde souhaitait.

Grand-père et moi travaillions dans le grand magasin où il demandait aux enfants ce qu'ils voulaient pour Noël pendant que je distribuais des cannes en bonbon et de petits cadeaux. La barbe de grand-papa était vraie, touffue et longue. Certains enfants qui la lui tiraient étaient assez surpris. Et quand il faisait *ho! ho!,* son estomac s'agitait. Grand-papa *était* le père Noël, aucun doute là-dessus.

La plupart de ceux qui s'assoyaient sur ses genoux avaient moins de dix ans. Ils se ressemblaient assez, demandant des vélos, des poupées, des radios et des jeux. Mais une petite fille était différente. Sa mère l'avait conduite, et grand-papa l'avait hissée sur ses genoux. Elle s'appelait Tina. Elle était aveugle.

« Qu'est-ce que tu veux pour Noël, Tina? » a demandé grand-papa.

« De la neige », a-t-elle timidement répondu.

Grand-papa a souri. Ses yeux pétillaient. « Eh bien, je verrai ce que je peux faire. Mais que penses-tu de quelque chose juste pour toi ? Quelque chose de spécial ? »

Tina a hésité et a murmuré quelque chose dans l'oreille de grand-papa. J'ai vu un sourire s'épanouir sur le visage du père Noël.

« Certainement, Tina », était tout ce qu'il a dit.

Il a pris les mains de l'enfant dans les siennes et les a posées sur ses joues. Les yeux du vieil homme se sont refermés, et il est resté assis là en souriant pendant que la fillette commençait à sculpter le visage du père Noël avec ses doigts. Elle a fait une pause ici et là en s'attardant, portant une attention marquée à chaque ride et à chaque touffe de poils. Ses doigts semblaient mémoriser les rides d'expression sous les yeux de grand-papa et aux coins de sa bouche. Elle lui a caressé la barbe et a roulé ses frisettes rêches entre ses pouces et ses index. Lorsqu'elle a eu terminé, elle s'est arrêtée pour poser ses paumes sur les épaules de grand-papa.

Il a ouvert les yeux. Ils brillaient.

Soudain, ses bras se sont jetés au cou de grand-papa dans une étreinte à vous étouffer. « Oh ! père Noël, s'est-elle écrié. Tu es exactement comme je savais que tu étais. Tu es parfait. Juste parfait. »

Comme la mère de Tina la faisait descendre de ses genoux, grand-papa a souri, puis a cligné des yeux, et une larme a roulé sur sa joue.

Ce soir-là, quand ma grand-mère est venue nous chercher, je l'ai observée comme elle aidait grand-papa à prendre place dans son fauteuil roulant et à positionner ses jambes inertes sur les repose-pieds. « Alors, père

Noël », lui a-t-elle dit en lui faisant un clin d'œil, « comment s'est passée ta journée? »

Il m'a regardé et a serré les lèvres. Puis il s'est tourné vers grand-maman, s'est éclairci la gorge et a dit avec un minuscule sourire: « Ma chérie, c'était parfait, juste parfait. »

À l'extérieur, il a commencé à neiger.

Steve Burt

Un Noël qui déraille

Des boîtes, des rubans et du papier d'emballage encombraient toute la pièce, preuve d'un tapageur mais généreux matin de Noël pour le petit Christopher de cinq ans et son frère de trois ans, David. Mais Christopher était bien trop renfermé et tranquille pour un petit garçon qui venait juste de recevoir son premier train électrique. Un peu inquiète, j'ai continué d'observer du coin de mon œil maternel pendant que je battais des œufs, entretenais une conversation suivie avec grand-maman, et tirais périodiquement Blossom, notre maladroit chien de berger, loin de l'arbre maintenant incliné.

Qu'est-ce qui n'allait pas? me suis-je demandé. *Mal au ventre?* Christopher ne se plaignait pas. *Déception?* Probablement pas, étant donné sa réaction enthousiaste quand il a vu l'ensemble de trains. *Ennuyé par l'interférence de son petit frère trottinant autour?* Non, David jouait à l'autre bout de la pièce, bavardant incessamment avec son grand-papa et son papa.

Pourtant, je savais qu'un mystérieux nuage noir planait sur l'humeur de Christopher en ce matin de Noël et lui faisait plisser le front. *Que diable pouvait bien le rendre si triste et abattu?* Incapable de trouver un moment

seul avec lui dans tout ce chaos des Fêtes, je m'inquiétais de ses retraites périodiques dans sa chambre, seulement pour réapparaître avec le même regard morose.

Lorsque la vaisselle du déjeuner a finalement été rangée, et que le reste de la famille s'est installé dans le murmure intime de la conversation et du café, j'ai pris ma tasse de thé et me suis glissée sur le sol à côté de Christopher, alors qu'il faisait tourner distraitement une roue de l'un de ses nouveaux camions.

« Hé, mon chéri, ai-je chuchoté doucement dans son oreille. J'ai remarqué que tu semblais un peu triste ce matin. Qu'est-ce qui ne va pas? »

« Eh bien, maman, a-t-il dit d'une petite voix mélancolique, tu te rappelles cette bague que j'ai eue dans la distributrice de boules de gomme? Je l'ai donnée à la Fée des dents pour Noël. »

Oh!non, ai-je gémi intérieurement.

« Comment as-tu fait cela? » ai-je demandé, avec un mauvais pressentiment de ce que j'allais entendre.

« Oh! je l'ai mise sous mon oreiller où elle va toujours voir. Mais elle ne l'a pas prise. J'ai vérifié toute la matinée, et elle est encore là. Et je voulais vraiment lui donner un cadeau. Pourquoi elle ne la veut pas? » a-t-il demandé d'une voix plaintive, levant les yeux vers moi pour une réponse.

Rejeté par la Fée des dents! Comment pouvait-elle manquer d'autant d'égards? Et comment puis-je expliquer cela sans complètement saper la foi et le bon cœur de ce petit garçon?

« Hmmm, ai-je temporisé. Ne penses-tu pas qu'elle est occupée à recueillir des dents ce matin? Peut-être viendra-t-elle plus tard. »

Il a réfléchi à cette possibilité, mais a hoché la tête. « Non, je ne crois pas. Elle vient la nuit quand les enfants sont endormis. »

Je devais régler cela de la bonne façon. Mais comment? Plusieurs minutes ont passé pendant que je cherchais une autre idée – n'importe quelle idée. Puis, subitement, tout l'être entier de Christopher s'est animé d'un éclat de joie de compréhension.

« Maman, je crois que je sais pourquoi elle ne l'a pas prise! a-t-il déclaré. Je parie qu'elle est juive! » Et cela étant résolu, il s'est éloigné en courant, arborant un large sourire, pour rassembler son nouveau train électrique.

Armené Humber

Troublé

Une chanson interprétée par Faith Hill dans le film à grand succès *Le grincheux* demande: « Où es-tu, Noël? Pourquoi ne puis-je te trouver? » Eh bien, parfois, l'esprit de Noël est comme un bas égaré – vous le trouvez lorsque vous ne regardez pas, et à l'endroit le plus inattendu.

Je l'ai trouvé à une heure quinze du matin.

En route vers la maison après le travail, je me suis arrêté à la boutique de beignes du quartier. Après m'être garé dans son parc de stationnement de ville fantôme, je me suis dirigé vers la porte lorsque j'ai flairé des ennuis.

Ce qui a allumé une lumière d'avertissement dans le radar de mon intuition était un groupe d'adolescents – trois garçons et une fille. Comprenez que je n'étais pas alarmé par leurs tatouages (la fille incluse) ou leurs boucles d'oreilles (les gars inclus – sur les sourcils aussi bien que sur chacune de leurs oreilles). C'était plutôt l'heure extrêmement tardive et le fait qu'ils traînaient sur le trottoir en formant un demi-cercle autour d'un vieil homme assis sur une chaise. Vêtu d'une chemise de flanelle en loques et pieds nus, l'homme paraissait avoir vraiment froid et était probablement sans abri.

Et avoir des ennuis avec un E majuscule.

Même si je savais que je me trompais sans doute, je suis entré à l'intérieur du magasin et j'ai commandé trois beignes – tout en gardant un œil inquiet sur le groupe à l'extérieur. Rien ne semblait se produire.

Jusqu'à ce que je me dirige vers ma voiture.

Quelque chose était de toute évidence en train de « dégénérer ». Aussi inquiétants qu'un pirate ordonnant l'exécution d'un prisonnier, les jeunes ont dit au vieil homme de se lever et de marcher.

Oh! non, ai-je pensé. *E-majuscule-n-nu-i-avec-un-s.*

Mais attendez. J'avais mal jugé la situation. Et j'avais mal jugé les adolescents.

« Comment on se sent dans ceux-là? a demandé l'un des garçons. Est-ce qu'ils vous vont? »

L'homme qui avait froid a marché quelques pas – peut-être une douzaine. Il s'est arrêté, a regardé ses pieds, s'est retourné et est revenu sur ses pas. « Ouais, c'est à peu près ma pointure », a-t-il répondu d'un sourire éclatant qui, même s'il nécessitait les soins d'un dentiste, était amical et chaleureux en cette nuit froide.

Les adolescents, tous les quatre, ont souri à leur tour.

« Gardez-les. Ils sont à vous, a répondu l'un des garçons. Je veux que vous les gardiez. »

J'ai baissé les yeux. L'adolescent était pieds nus. Le jeune venait simplement de donner à cet homme transi-et-probablement-sans-abri ses baskets coûteux de planche à roulettes – et, apparemment, ses bas aussi.

Les deux autres garçons se sont assis sur leurs planches à roulettes en bordure du trottoir et ont rattaché

leurs lacets. Visiblement, eux aussi avaient laissé l'homme essayer leurs baskets pour déterminer quelle paire lui allait le mieux. Pendant ce temps, la fille avait donné à l'homme qui avait froid son sweat-shirt trop grand.

Le cœur réchauffé par le déroulement du drame, je suis retourné dans le magasin.

« Puis-je vous déranger pour une autre douzaine de beignes? » ai-je demandé, puis j'ai raconté à la commis ce dont j'avais été témoin.

L'esprit de Noël, semblait-il, était plus contagieux que la grippe ou la varicelle. En effet, la nuit froide s'est imprégnée de chaleur lorsque la femme non seulement n'a pas voulu me faire payer les beignes, mais a même ajouté un gros café en supplément.

« C'est de la part de la dame à l'intérieur. Passez une bonne nuit », ai-je dit, alors que je livrais les beignes chauds et le café fumant. Le vieil homme a souri avec reconnaissance.

« Vous aussi, passez une bonne nuit », ont dit les jeunes.

C'était déjà fait.

Woody Woodburn

C'était la nuit

Quand j'étais enfant, c'était la tradition pour notre famille de chanter des cantiques la veille de Noël. Il s'agissait d'un projet commun avec la participation de toutes les églises du voisinage. Non seulement bravions-nous les vents froids pour chanter de porte en porte, mais nos chants étaient au profit de Fannie Battle Day Home, un organisme local venant en aide aux mères célibataires.

La procédure était de la routine. Nous nous rencontrions à l'église locale méthodiste, formions des équipes et exécutions une pratique rapide. On désignait un enfant comme porte-parole pour la soirée, à qui nous donnions une modeste boîte en bois avec une fente sur le dessus pour recueillir les dons.

Présumant qu'une enfant de sept ans pouvait aisément faire vibrer la corde sensible de tout grippe-sou vivant dans le quartier, quelqu'un *m*'a confié la boîte servant à la collecte cette année-là. Ma mission était simple: attendre patiemment jusqu'à ce que quelqu'un ouvre la porte, puis annoncer joyeusement: « Joyeux Noël! Nous ramassons de l'argent pour Fannie Battle Day Home. Voudriez-vous faire une offrande? »

J'ai mémorisé mon boniment avant de quitter l'église et j'ai marché fièrement devant les autres, protégeant la boîte de mes petites mains gantées.

Une neige poudreuse tombait tout autour de nous, et les halos des réverbères constituaient notre seule source lumineuse – à part les lampes de poche utilisées pour lire la musique. Certaines maisons semblaient invitantes, d'autres intimidantes, mais – sentant que le chœur n'était jamais très loin derrière – je m'approchais hardiment de chaque maison et je cognais très fort.

Un vieil homme imposant en pyjama est apparu à une fenêtre et a regardé à travers les rideaux avant d'ouvrir sa porte. Mes genoux tremblaient, mais j'ai attendu qu'il me réponde et j'ai courageusement débité la demande que j'avais répétée.

« Joyeux Noël! Nous sommes du Dannie Hattle Fay Bome. Voudriez-vous faire une offanse? »

L'homme a gloussé et fait signe à sa femme d'apporter son portefeuille. Ensemble, ils ont inséré quelques dollars dans la fente. Ah! le succès! Vite, la prochaine maison.

« Joyeux Noël! Nous sommes du Hannie Dattle Bay Fome. Voudriez-vous faire une affronde? »

Et à une autre porte: « Joyeux Noël! Nous sommes du Bannie Fattle Hay Dome. Auriez-vous besoin de faire quelques affandes? »

Aucun doute à ce sujet, j'étais *mignonne*. Et malgré le fait que j'avais de la difficulté avec la prononciation des mots, les gens étaient généreux et avaient bon cœur. Mais j'étais jeune et j'avais froid et je commençais à être fatiguée.

Trop lasse pour continuer, j'ai cédé mon poste de responsabilité sur la ligne de front à un chanteur plus expérimenté. Me pressant contre les autres, j'ai trépigné des pieds et j'ai soufflé dans mes paumes comme j'avais observé les autres le faire. En peu de temps, nous sommes arrivés au bout de Cephas Avenue, complétant le cercle pour revenir à l'église méthodiste.

Du chocolat chaud, des beignes et ma mère nous attendaient dans la chaleur de la salle. Une fois mes orteils dégelés et mon ventre plein, maman m'a ramenée à la maison et m'a bordée dans mon petit lit douillet.

Mais il n'y avait pas de dragées qui dansaient dans ma tête cette nuit-là. Aucune vision de cannes en bonbons ou de sucettes. Au lieu de cela, je suis tombée endormie en me rappelant les visages de ceux qui avaient joyeusement déposé de l'argent dans ma petite boîte en bois… me rappelant la maison où nous avons chanté au chevet d'une vieille femme ridée dans une robe d'hôpital… me rappelant comme elle pleurait quand nous sommes partis… me souvenant des chanteurs qui interprétaient doucement « Away in a Manger » sous une neige légère.

La musique et la magie de cette nuit-là ont continué de m'habiter. Et je m'en souviens encore – chaque veille de Noël – alors que je suis pelotonnée dans mon petit lit douillet.

Charlotte A. Lanham

Qu'il neige!

« Le service de ce soir à l'église n'était-il pas merveilleux, Beth? »

« Quoi? Je suis désolée. Qu'est-ce que tu as dit, mon chéri? »

Roe a jeté un regard à son épouse. « Je t'ai demandé ce que tu pensais du programme de la veille de Noël. »

« Bien. C'était… bien. » Beth a regardé par-dessus son épaule. Les trois enfants étaient blottis l'un contre l'autre sur le siège arrière et semblaient endormis.

« Mais? »

Beth n'a pas répondu. Elle s'est retournée pour fixer le pare-brise. Un flot constant de circulation se déplaçait avec lenteur comme un ver luisant, avançant petit à petit le long de l'autoroute dans les contreforts du Front Range du Colorado.

« Beth? Qu'est-ce qui ne va pas? »

« Ce qui ne va pas? Oh, je ne suis pas certaine que quelque chose en particulier n'aille pas, mais tout ne va pas tout à fait bien non plus. » Elle a soupiré. « Ou peut-être que c'est seulement que tout est si… différent. »

« Eh bien, ce n'est pas le Minnesota », a répondu Roe avec un petit rire.

« Non, ça ne l'est pas, et c'est ça le problème. Je suppose que j'ai le mal du pays. Noël au Minnesota était... » La voix de Beth s'est estompée et son esprit a suivi.

Noël – au Minnesota.

Lorsque les étoiles brillaient sur la voûte d'un pays des merveilles gelé. Comme elle connaissait bien ces scènes d'hiver avec des clochers d'église, des piquets de clôture, des champs et des granges. Tout était recouvert d'une neige glacée, fabuleuse pour faire de la luge et des promenades en traîneau à l'ancienne et des constructions d'igloos et de forts et d'immenses sculptures de neige et...

Noël – à l'église.

Alors que les amis murmuraient des souhaits des Fêtes. Où les tantes, les oncles et les jeunes cousins rigoleurs s'entassaient sur les bancs. Où les grands-parents chantaient encore leurs vieux cantiques en norvégien.

Noël – à la maison.

Où se procurer un arbre signifiait une excursion dans les bois sur la ferme familiale et une discussion animée sur les mérites de l'arbre préféré de chaque personne. Où la hache de grand-papa effectuait toujours la première coupe et où les enfants traînaient l'arbre par le tronc vers la voiture. Où la sève gommeuse collait leurs mitaines à l'écorce.

Pour elle, Noël, c'était le Minnesota. Son enfance était enveloppée comme un cadeau dans ces chaleureux souvenirs de la tradition, et elle avait souhaité la même chose pour ses enfants. Jusqu'à ce que ce déménagement change tout.

En lieu et place, ils se trouvaient ici, sur le chemin de retour vers une nouvelle maison dans un nouveau voisinage après avoir participé à un service de veille de Noël – différent – avec de nouvelles personnes dans une nouvelle église.

« Je suis désolée, Roe. Le programme de ce soir s'est très bien passé. Je suppose que nos chants traditionnels tous ensemble, notre chœur de cloches et nos vêpres à la lueur des chandelles me manquent. »

« Dans des endroits différents, on fait des choses différentes, Beth. Tu t'y habitueras. » Roe a signalé pour changer de voie.

« Je suppose. »

« Honnêtement, je crois que ton mal du pays n'a rien qu'une bonne chute de neige ne peut guérir », a taquiné Roe alors qu'il engageait en douceur la voiture dans la rampe de sortie.

« Eh bien, je dois l'admettre, lorsque nous sommes déménagés ici cet automne, et que j'ai jeté mon premier coup d'œil sur ces imposantes montagnes Rocheuses, j'ai tout simplement présumé que les hivers de neige étaient incontournables. » Beth a regardé les sombres sommets qui se profilaient dans le firmament nocturne sans nuages et a frissonné. « Mais toute cette température froide et pas un seul flocon en vue ! »

« Seulement en plus haute altitude », a pointé Roe vers le Long's Peak, la destination préférée de randonnée des gens du coin. « C'est là qu'il y a la neige la plus proche et en grande quantité. »

« Ça fait tellement de bien de savoir ça ! »

« Il y a probablement seulement une heure de route pour atteindre le début du sentier. Que dirais-tu si nous

y grimpions demain avec les enfants et que nous passions l'après-midi de Noël dans les montagnes? »

Beth a fait la grimace. Passer une partie du jour de Noël à conduire pour trouver de la neige ne convenait pas à son humeur, et cela ne correspondait certainement pas à sa vision d'activités traditionnelles des Fêtes.

« Ce n'est pas la même chose que pelleter des trottoirs ou construire un bonhomme de neige dans la cour ou fabriquer un arsenal. » Elle a fait une pause. « Tu te rappelles les combats de balles de neige que nous avions l'habitude d'avoir? »

Roe et Beth ont échangé un sourire.

« Ouais, a dit Roe. En fait, juste aujourd'hui je disais à ce gentil Ben Johnston de l'autre côté de la rue à quel point les combats de balles de neige du voisinage que nous avions l'habitude de tenir au Minnesota chaque Noël nous manquaient. Il a ri de bon cœur quand je lui ai dit que c'était les enfants contre les adultes – et que les adultes perdaient habituellement. »

« C'est ce que je veux pour Noël, Roe. »

« Quoi? »

« Je veux regarder par la fenêtre le matin de Noël et voir quelque chose de plus que la pelouse brun hiver. Je veux de la neige et un combat de balles de neige à l'ancienne avec des amis. Maison *signifie* traditions. Est-ce trop de demander la tradition? »

Ralentissant, Roe a tourné sur Logan Drive.

« Oh! Beth, je suis désolé que ce déménagement ait été si difficile pour... Eh bien, ça parle au diable! » Roe a freiné au milieu de la rue. « Regarde! »

Beth a eu le souffle coupé. Leur pelouse – nue et brune il y a seulement quelques heures – était recouverte de plusieurs centimètres de neige. La pelouse, les sentiers, la véranda et les buissons étincelaient tous à la lueur des lampadaires.

« De la neige, les enfants, de la neige! Réveillez-vous et regardez notre cour! »

Se frottant les yeux pour chasser le sommeil, tous les trois enfants ont bondi hors de la voiture et ont couru vers la poudre étincelante. Beth et Roe sont restés assis là, subjugués.

« Je n'en crois pas mes yeux, dit Beth. De la neige! De la NEIGE! Mais… c'est seulement dans NOTRE cour. Comment est-ce possible? Et… pourquoi? »

« Qui sait, ma chérie? Mais tu as certainement obtenu ton souhait de Noël, ou en partie, du moins. »

Roe a pointé dans la rue. « Eh bien, regarde-moi ça! » La camionnette couverte de boue de Ben Johnston – chargée de souffleuses et de pelles, les phares avant baissés – se faufilait en tournant au coin de la rue, laissant une fine trace blanche.

« Et demain, on aura le reste. » Il a souri à son épouse. « Que penserais-tu de revivre une vieille tradition de balles de neige – avec un tout nouveau voisinage d'amis! »

Carol McAdoo Rehme

Bon pour brûler

Le foyer est l'endroit naturel pour se rassembler lors des célébrations familiales, alors pourquoi ne pas implanter le chaleureux rituel de brûler la bûche de Noël? Vous n'avez pas de foyer? Que cela ne vous empêche pas d'y prendre part. Choisissez la méthode qui convient le mieux à votre famille.

Traditionnelle: Marchez jusqu'à la cordée de bois et choisissez la plus belle bûche à brûler ce Noël. Embellissez-la de petites branches de sapin, de feuilles de houx ou de gui. Attachez le paquet avec un ruban des Fêtes.

Autre alternative: Percez un trou peu profond dans une petite bûche et déposez une chandelle odorante à l'intérieur. Décorez d'ornements des Fêtes, de neige artificielle ou d'un ruban de Noël.

Exposez votre bûche de Noël sur votre foyer, le manteau de cheminée ou la table jusqu'à la veille de Noël. Puis, avec grande cérémonie, allumez ou brûlez votre bûche en chantant « Deck the Halls » (qui mentionne la bûche de Noël). Et profitez de la fantaisie et de l'émerveillement de contempler les flammes.

Une ancienne tradition suggère que le fait de conserver un peu de braise refroidie pour allumer votre bûche l'année suivante apportera la chance et peut-être même des miracles dans votre maison.

À propos des auteurs

Jack Canfield

Jack Canfield est l'un des meilleurs spécialistes américains du développement du potentiel humain et de l'efficacité professionnelle. Conférencier dynamique et coloré, il est également un formateur très en demande.

Auteur et narrateur de plusieurs programmes sur audiocassettes et vidéocassettes à succès, dont *Self-Esteem and Peak Performance, How to Build High Self-Esteem, Self-Esteem in the Classroom* et *Chicken Soup for the Soul – Live*, on le voit régulièrement dans des émissions télévisées telles que *Good Morning America, 20/20* et *NBC Nightly News*. En outre, il est le coauteur de nombreux livres, dont la série *Bouillon de poulet pour l'âme, Osez gagner, Le pouvoir d'Aladin* et *La force du focus* (tous en collaboration avec Mark Victor Hansen), *100 Ways to Build Self-Concept in the Classroom* (avec Harold C. Wells), et *Heart at Work* (avec Jacqueline Miller).

Jack prononce régulièrement des conférences pour des associations professionnelles, des commissions scolaires, des organismes gouvernementaux, des églises, des hôpitaux, des entreprises du secteur de la vente et des compagnies. Parmi ses clients, on retrouve American Dental Association, American Management Association, AT&T, Campbell's Soup, Clairol, Domino's Pizza, GE, ITT, Hartford Insurance, Johnson & Johnson, Million Dollar Roundtable, NCR, New England Telephone, Re/Max, Scott Paper, TRW et Virgin Records. Jack fait aussi partie du corps professoral de Income Builders International, une école pour entrepreneurs.

Chaque année, Jack anime un séminaire de huit jours, Training of Trainers, dans le domaine de l'estime de soi et du rendement maximal. Ce programme attire des éducateurs, des conseillers, des formateurs en éducation des enfants, des formateurs en entreprise, des conférenciers professionnels, des ministres du culte, et des gens qui désirent développer leurs talents comme orateurs ou animateurs de séminaires.

Mark Victor Hansen

Mark Victor Hansen est un conférencier professionnel qui, au cours des vingt dernières années, a effectué plus de 4000 présentations à plus de deux millions de personnes dans trente-deux pays. Ses conférences portent sur l'excellence et les stratégies dans le domaine de la vente, sur l'enrichissement et le développement personnels quelles que soient les étapes de la vie, et sur les moyens de tripler ses revenus tout en doublant son temps libre.

Mark a consacré toute sa vie à sa mission d'apporter des changements profonds et positifs dans la vie des gens. Tout au long de sa carrière, non seulement a-t-il su inspirer des centaines de milliers de personnes à se bâtir un avenir meilleur et à donner un sens à leur vie, mais il a aussi stimulé la vente de milliards de dollars de produits et services.

Mark est un auteur prolifique qui a écrit de nombreux livres dont *Future Diary, How To Achieve Total Prosperity* et *The Miracle of Tithing.* Il est coauteur de la série *Bouillon de poulet pour l'âme*, *Osez gagner, Le facteur Aladin* et *Le pouvoir du focus* (tous en collaboration avec Jack Canfield), *Devenir maître motivateur* (avec Joe Batten) et *Out of the Blue* (avec Barbara Nichols).

Mark a aussi réalisé une collection complète de programmes d'enrichissement personnel, sur audiocassettes et vidéocassettes, qui ont permis à ses auditeurs de découvrir et d'utiliser tous leurs talents innés dans leur vie personnelle et professionnelle. Le message qu'il transmet a fait de lui une personnalité populaire de la radio et de la télévision. On a pu le voir sur les réseaux ABC, NBC, CBS, HBO, PBS et CNN. Mark a également fait la couverture de nombreux magazines, dont *Success, Entrepreneur* et *Changes*. En 2000, Mark a reçu le prestigieux prix Horatio Algier en reconnaissance de son humanisme. Il est un homme au grand cœur et aux grandes idées, un modèle inspirant pour les personnes de tous âges qui cherchent à s'améliorer.

Carol McAdoo Rehme

Peu importe la fonction qu'elle assume – auteure et rédactrice enthousiaste, directrice d'organisme à but non lucratif ou conférencière professionnelle – Carol McAdoo Rehme émaille tout ce qu'elle fait avec un enthousiasme pour le pouvoir de l'histoire.

Pigiste active qui a trouvé sa voie dans le marché de l'inspiration, Carol est aussi une contributrice prolifique à la série *Bouillon de poulet*. Son travail apparaît aussi largement dans d'autres anthologies. De plus, Carol a dirigé la publication de *Chicken Soup for the Bride Soul, Chicken Soup for the African American Soul, Chicken Soup for the Mothers of Preschoolers Soul*.

En plus d'avoir collaboré à la rédaction de plusieurs livres cadeaux, elle écrit à l'occasion pour des magazines et quelques publications pour enfants. *Bouillon de poulet pour l'âme de Noël* est son premier projet de collaboration pour *Bouillon de poulet*.

Lorsqu'elle n'est pas occupée à écrire des histoires, Carol s'active à les raconter. Elle en fait la présentation dans des conférences éducatives et en entreprise, et dans une variété d'autres endroits comme les musées, les lieux de vacances, les bibliothèques, les écoles et les groupes de citoyens. Comme raconteuse itinérante pour la bibliothèque publique de Loveland, Carol a dirigé un programme bénévole dans les parcs pendant dix ans, desservant des milliers d'enfants chaque été.

Sa passion actuelle gravite autour des frêles personnes âgées. Carol dirige une dynamique agence à but non lucratif – Vintage Voices, Inc. – dont le principal programme, Silver Linings for Golden Agers, vise les résidants des établissements de soins de longue durée. Ce modèle artistique subventionné fournit des activités thématiques plaisantes qui sont interactives et stimulantes, et où l'on met fortement l'accent sur le partage d'histoires.

Déménagés au Kansas, Carol et son mari, Norm, gardent de profondes racines au Colorado où ils ont élevé leurs quatre enfants – Kyle, Katrina, Kayla et Koy. Carol assume maintenant de nouvelles « fonctions »: belle-mère et grand-mère.

Autorisations

Nous aimerions remercier les personnes et les éditeurs suivants de nous avoir permis de reproduire le matériel cité ci-dessous. Les histoires qui sont du domaine public ou qui ont été écrites par Jack Canfield, Mark Victor Hansen ou Carol McAdoo Rehme ne sont pas incluses dans cette liste.

Les Fêtes à la ferme. Reproduit avec l'autorisation de Margaret Noyes Lang. ©2005 Margaret Noyes Lang.

Avec joie et un peu de colle. Reproduit avec l'autorisation de Nancy B. Gibbs. ©2000 Nancy B. Gibbs.

Décorer les salles avec des ballons de joie. Reproduit avec l'autorisation de Gregory S. Woodburn. ©2005 Gregory S. Woodburn.

Le début. Reproduit avec l'autorisation de Mary K. Danielson. ©2003 Mary K. Danielson.

De la musique à mes oreilles. Reproduit avec l'autorisation de Margaret R. Middelton. ©2004 Margaret R. Middelton.

Je me demande. Reproduit avec l'autorisation de Mary K. Danielson. ©1998 Mary K. Danielson.

Entretenir les feux de la maisonnée. Reproduit avec l'autorisation de James L. West Jr. ©2004 James L. West Jr.

Apporter Noël. Reproduit avec l'autorisation de Toby Ann Abraham-Rhine. ©2005 Toby Ann Abraham-Rhine.

Un silence dans la course folle. Reproduit avec l'autorisation de Ann Katherine Brandt. ©1994 Ann Katherine Brandt.

Au fond du baril. Reproduit avec l'autorisation de Margaret M. Kirk. ©2004 Margaret M. Kirk.

Ingrédients secrets. Reproduit avec l'autorisation de Jane Zaffino. ©2005 Jane Zaffino.

Des douceurs pour les êtres chers. Reproduit avec l'autorisation de Emily Sue Harvey. ©2004 Emily Sue Harvey.

Des cinq sous et des dix sous. Reproduit avec l'autorisation de Barbara Dussault. ©1985 Barbara Dussault.

De bonne guerre. Reproduit avec l'autorisation de James Daigh. ©2000 James Daigh.

Rien ne dit mieux je t'aime que... Reproduit avec l'autorisation de Isabel Bearman Bucher. ©2003 Isabel Bearman Bucher.

Publications disponibles de la série « Bouillon de poulet pour l'âme »

1er bol *(aussi en format de poche)*
2e bol
3e bol
4e bol
5e bol
Ados *(aussi en format de poche)*
Ados II *(aussi en format de poche)*
Ados – journal
Aînés
Amateurs de sport
Amérique
Ami des bêtes
Canadienne
Célibataires
Chrétiens
Concentré *(format de poche seulement)*
Couple *(aussi en format de poche)*
Cuisine *(livre de)*
Enfant
Femme
Femme II *(aussi en format de poche)*
Future Maman
Golfeur
Golfeur, la 2e ronde
Grands-parents *(aussi en format de poche)*
Infirmières
Mère *(aussi en format de poche)*
Mère II *(aussi en format de poche)*
Noël
Père *(aussi en format de poche)*
Préados *(aussi en format de poche)*
Professeurs
Romantique
Survivant
Tasse *(format de poche seulement)*
Travail

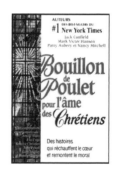

Prochaine parution
Mère-Fille